Mit Liebe backen

Mit Liebe backen

Von Karin Iden

TOMUS VERLAG MÜNCHEN

Sie finden die Rezepte zu dem auf dem Umschlag (Foto: Bodo Schieren) abgebildeten Gebäck auf folgenden Seiten:

Prinzenstraße 7, D-8000 München 19
Telefon 0 89/ 13 20 01
Telex 5215 528 tvf d

ISBN 3-920954-17-3

Unser Angebot

Alle Kapitel auf einen Blick

Auf gutes Gelingen

Mit Liebe backen

Wen reizt das nicht? Dieses große Backbuch mit den schönsten Rezepten und vielen Farbfotos wird dem Backanfänger ebenso viel Freude bereiten wie dem Fortgeschrittenen. Alle Rezepte sind ausführlich beschrieben. Für jeden Anlaß, für jedes Fest gibt es den richtigen Kuchen und das passende Gebäck zum Nachbacken. Die meisten Rezepte sind farbig illustriert.
Ehe Sie darauf losbacken, sollten Sie die Einführung des Buches studieren. Dort finden Sie wichtige Hinweise zu den Rezepten. Gleich am Anfang informieren wir Sie genauer über viel Wissenswertes: über die richtigen Backformen, darüber, wieviele Stücke aus einer Torte geschnitten werden, über die beim Backen zu verwendenden Hilfsmittel, über die benötigten Geräte. Auch die Angaben über die Grundteige sind Voraussetzung für gutes Gelingen des Backwerkes, das im Rezeptteil vorgestellt wird. Im Anhang stehen Rezepte für verschiedene Glasuren, es gibt Hinweise auf Dekorationsmittel, z.B. lustiges Zuckerzeug, Blümchen und Täubchen, auf Zuckerschrift und Plätzchenschmuck. Sie erfahren dort auch, wie Torten am besten zu garnieren sind, mit Sahne, Creme oder Guß. Sie haben die Qual der Wahl! Einen warenkundlichen Einblick erhalten Sie in der Übersicht über einzelne Produkte und die zu verwendenden Zutaten.
Wenn Sie die Rezepturen und Backzeiten genau beachten, kann eigentlich nichts schief gehen. Vergessen Sie aber nicht: Kein Backofen gleicht dem anderen! Schauen Sie also am besten kurz vor dem Ende der angegebenen Backzeit in Ihren Ofen, um ganz sicher zu gehen, daß alles nach Wunsch verläuft. So dürften Ihnen unangenehme Überraschungen erspart bleiben.

Viel Spaß und gutes Gelingen!

Karin Iden

Richtig vorbereiten

Wichtige Vorarbeiten

Für alle Gebäcksorten sind gewisse Vorarbeiten notwendig, für den Teig ebenso wie für die Garnierung. Diese Vorarbeiten sollten vor dem Backen eingeplant und vorbereitet werden. Manche Vorarbeiten sind etwas zeitaufwendig, so z.B. Zuckersirup zu kochen oder auch in größerer Menge Mandeln zu hacken oder zu mahlen. Wer's eilig hat, greift hier zu Fertigprodukten. Trotzdem sollten Sie wissen, wie Sie diese Backzutaten selbst herstellen können.
Verschiedene Glasuren oder Fondantmassen werden mit Zuckersirup zubereitet. Früher war es in jedem Haushalt üblich, Früchte oder Blüten zu kandieren. Bedingt durch das reichhaltige Angebot an Fertigprodukten ist das Zuckerkochen heute schon fast in Vergessenheit geraten. Doch in letzter Zeit ist das Interesse am Selbermachen wieder gestiegen; warum sollte man nicht auch Zuckerglasuren selbst zubereiten? Hilfreich dafür ist ein Zuckerthermometer, das die genaue Temperatur anzeigt. Man kann es in Spezialgeschäften kaufen. Allerdings geht es auch ohne Thermometer; man kann die Zukkermasse auch mit den Fingerspitzen prüfen. Tauchen Sie die Finger vorher in kaltes Wasser, damit Sie sich nicht verbrennen!
Hier nun das Rezept:

500 g Zucker, 1/4 l Wasser

Zucker und Wasser in einen dickwandigen Topf geben. Aufkochen lassen und unter ständigem Rühren auflösen. Wie dick die Zuckermasse wird, richtet sich nach der Kochdauer. Beim Kochen werden verschiedene Phasen durchlaufen.

Hier die einzelnen Phasen:

Der schwache Faden: Auf dem Thermometer sind 105° abzulesen. Einige Tropfen Zuckerlösung zwischen Daumen und Zeigefinger nehmen, die Finger auseinanderziehen. Es bildet sich ein dünner Faden.

Der starke oder große Faden: Das Thermometer zeigt 107,5°. Wieder einige Tropfen der Zuckerlösung zwischen Daumen und Zeigefinger auseinanderziehen – der Faden wird stärker.

Der schwache Faden oder die kleine Perle: Das Thermometer zeigt 111°. Einen Rührlöffel mit einem Loch in die Zuckerlösung tauchen, vorsichtig durch das Loch blasen. Die Zuckerlösung läßt sich in Perlen fortblasen; beim Herausnehmen des Rührlöffels bildet sich ein Faden, an dem der letzte Tropfen wie eine Perle hängenbleibt.

Der starke Flug oder die große Perle: Die Temperatur des Thermometers zeigt 113°. Der anhängende Zuckersirup zeigt Perlen, die zusammenhängen und fester sind.

Der kleine Ballen oder der große Ballen: Wird der Rührlöffel oder Finger, an dem der Zuckersirup hängt, sofort in kaltes Wasser getaucht, so bilden sich festere Klümpchen. Die Temperatur zeigt 115 bis 121°.

Der kleine Bruch oder der große Bruch: Das Thermometer zeigt 125°. Die Zuckermasse wird fester und zäher. Bei mehr als 140° zerspringt der Sirup wie Glas, wenn man ihn in das Wasser taucht.

Karamelfäden: Den Zucker auf eine Temperatur von 125° bringen und noch so lange kochen, bis er eine schön bernsteinfarbene Tönung bekommt. Den Topf von der Kochstelle nehmen. Einen Eßlöffel voll Karamelmasse in einem dünnen Strahl von oben auf ein mit Backpapier ausgelegtes Backblech laufen lassen. Dabei die Hand in Schlangenlinien bewegen, so daß ein Zackenmuster entsteht. Den Karamel abkühlen lassen. Den gehärteten Karamel vom Blech nehmen und das Papier vorsichtig abziehen. Man verwendet Karamel in dieser Form für Tortengarnierungen.

Gekochte Zuckerglasur oder Schmelzglasur:

250 g Zucker, 1/4 l Wasser

Zucker in einen Topf geben, Wasser zufügen. So lange kochen, bis sich Blasen zeigen. Bei der Zuckerprobe muß sich ein starker Faden bilden. Den Topf von der Kochstelle nehmen. Dann in kaltes Wasser stellen und weiterrühren, bis die Masse abgekühlt ist. Diese Zuckerglasur auf Gebäck auftragen. Man kann auch die Hälfte der Wassermenge durch Zitronen- oder Orangensaft ersetzen.

Borkenschokolade herstellen
Hierfür Blockschokolade im Wasserbad auflösen, d.h. die Blockschokolade in einen Topf geben und diesen Topf wiederum in einen größeren, mit Wasser gefüllten Topf stellen. Die Schokolade

in dem Wasserbad unter ständigem Rühren schmelzen lassen. Dann auf eine glatte Fläche (auf eine Marmorplatte oder ein mit Alufolie bespanntes Brett) gießen und glattstreichen. Die Schokolade soll eine dünne Schicht bilden. Diese antrocknen lassen und danach mit einem scharfen, großen Messer die angetrocknete Masse von sich wegschaben. So entstehen hauchdünne Streifchen. Wenn die Schokolade zu fest ist, mit einem in lauwarmes Wasser getauchtes und trockengetupftes Messer schneiden.

Zitronen- und Orangenschalen schneiden
Hierfür brauchen Sie unbehandelte Früchte. Sie sind im Gemüsegeschäft gekennzeichnet. Allerdings müssen diese Früchte schnell verbraucht werden, sie werden sonst schlecht. Die Früchte werden mit einem scharfen Messer sehr dünn abgeschält. Die weiße Haut sollte ebenfalls entfernt werden. Die Schalen dann in feinste Streifchen schneiden. Man kann die Streifchen wie sie sind als Garnierung verwenden oder in Zuckersirup etwa 10 Minuten ziehen lassen. Dann mit einer Nadel oder einer Gabel herausfischen, auf Pergamentpapier legen und trocknen lassen. Diese Streifchen können für Dekorationen auf Torten und Törtchen verwendet werden.

Zitronen- oder Orangenspirale
Auch hierfür müssen unbehandelte Früchte verwendet werden. Ein Spezialmesser – es ähnelt einem abgebrochenen Messer mit drei oder vier nebeneinanderstehenden kleinen Löchern – mit leichtem Druck an der Frucht entlangführen. Dabei werden kleine, hauchdünne Spiralen abgezogen. Sie werden als Garnierung auf Kekse und Kuchen gesetzt.

Mandeln schälen
Mandeln in einen Topf geben und mit kochendem Wasser übergießen. Einige Minuten ziehen lassen. Die Mandeln zwischen Daumen und Zeigefinger nehmen und die Kerne aus den Schalen herausdrücken. Die enthülsten Mandeln für kurze Zeit in kaltes Wasser legen, damit sie hell bleiben.

Mandeln pilieren
Abgezogene Mandeln etwa 30 Minuten in kaltes Wasser legen, damit sie schön weich werden. Dann auf einem Geschirrtuch trockentupfen. Auf ein Brett schütten und grob hacken, zuletzt in einem Mörser zerreiben.

Mandeln hacken
Die abgezogenen Mandeln auf ein Brett geben. Eventuell etwas Zucker darüberstreuen, damit die Mandeln beim Hakken nicht wegspringen. Ein großes Messer mit der linken Hand an der Spitze der Klinge festhalten. Mit der rechten Hand auf- und abbewegen; der Drehpunkt liegt vorn in der Spitze.

Haselnüsse schälen
Die Haselnüsse auf ein Backblech legen und im vorgeheizten Backofen (180 Grad oder Stufe 2) etwa 10 Minuten liegen lassen. Dabei springt die Haut auf. Die Nüsse anschließend in ein sauberes Geschirrtuch wickeln und mit der Handfläche leicht hin- und herrollen. Dann springt die Haut ganz ab.

Krokant bereiten
Zucker und Mandeln im Verhältnis 1 : 1 in einen flachen Topf geben. Bei kleiner Hitze unter ständigem Rühren kochen lassen, bis die Masse hellgelb wird. Auf ein mit Backpapier ausgelegtes Backblech geben, verstreichen und abkühlen lassen. Die Masse in eine Plastiktüte füllen und mit einem Nudelholz unter leichtem Druck darüberrollen, so daß Streusel entstehen. Den Feinheitsgrad der Streusel können Sie selbst bestimmen.
TIP: Krokant gibt es auch schon fix und fertig zu kaufen.

Zitronen- oder Orangenzucker
Unbehandelte Früchte mit Wasser abspülen und gut trockentupfen. Die Zitronen- oder Orangenschale an einem scharfkantigen Stück Zuckerhut (gibt es auch in kleinen Ausführungen) so lange reiben, bis die ganze Schale abgeschabt ist. Die abgeriebene Schale in einem verschlossenen Glas aufbewahren. Diese Zuckermischung kann als natürliches Aroma für Teige (Rührteige, Biskuitteige) verwendet werden.

Eiweiß schlagen
Die Schüssel und der Rührbesen müssen völlig fettfrei sein. Zum Trennen von Eiweiß und Eigelb schlagen Sie das Ei am Rand einer Schüssel auf und lassen das Eigelb von einer Schalenhälfte in die andere gleiten, bis sich das Eiweiß vom Eigelb völlig geschieden hat.
Die Schüssel leicht schräg halten und langsam mit dem Schneebesen schlagen. Sobald das Eiweiß zu steigen und schaumig zu werden beginnt, schneller schlagen. Ist der Schaum cremig, mit kreisenden Bewegungen weiterschlagen. Steht der Schaum in steifen Spitzen nach oben, hat das Eiweiß die richtige Konsistenz, um für Baisermasse verwendet zu werden.
Werden mehr als drei Eiweiß auf einmal geschlagen, ist es ratsam, eine Küchenmaschine zu verwenden, da hierbei die Geschwindigkeit besser kontrolliert werden kann. Für Baisermasse bei kleinster Geschwindigkeit anschlagen. Wenn im Eiweiß Konturen sichtbar sind, ein Drittel des Zuckers zugeben und die Geschwindigkeit erhöhen. Wird der Schnee feinporig, die Geschwindigkeit drosseln und das zweite Drittel Zucker zufügen. Den restlichen Zucker mit einem Holzlöffel zum Schluß unter die Eiweißmasse heben.

Sahne schlagen
Hierbei die Sahne direkt aus dem Kühlschrank in eine zuvor gekühlte Schüssel geben. Sahne so lange ohne Zucker schlagen, bis sie eine dickflüssige, cremige Konsistenz erreicht hat. Nun den Zucker nach und nach einrieseln lassen. Auch der Schneebesen sollte kühl sein. Möglichst gleichmäßig schlagen!

Die richtigen Backformen

Backformen unterscheiden sich in der Größe und im Material.

Metallformen aus Weißblech oder Aluminium bewirken, daß der Kuchen auf der Auflageseite hell bleibt. Helle Formen eignen sich gut für den Gasherd. Werden sie im Elektroherd verwendet, muß die Backzeit eventuell etwas verlängert werden, damit die Kruste gleichmäßig braun wird.
Formen aus dunkel emailliertem Material nehmen die Wärme stärker auf. Der Kuchen erhält eine gleichmäßig gebräunte Kruste.

Beschichtete Formen müssen wie alle anderen Formen eingefettet werden. Unter Umständen muß auch hier die Backzeit etwas verlängert werden.

Formen aus Glas und Kupfer haben dieselben Backeigenschaften wie dunkle Formen: der Inhalt bräunt schneller.

Formen aus Steingut sind für alle schweren Hefe- und Rührteige geeignet. Die Backzeit muß verlängert werden.

Tonformen sind mehr für salziges Gebäck geeignet, wie zum Beispiel Brot- und Pizzateige. Vor Gebrauch müssen diese Formen in kaltes Wasser gestellt werden. Auch hier eine etwas längere Backzeit berechnen!

Die Größe der Backformen: Die Länge der Kastenformen reicht von 20–35 cm. Springformen gibt es mit einem Durchmesser von 16 cm, 22 cm, 24 cm, 26 cm und 28 cm, seltener auch von 30 cm. Springformen haben meistens zwei Einsätze: einen flachen Boden für Torten, Obstkuchen und Biskuitböden, und einen Einsatz für Kranzformen.

Backbleche werden für Streuselkuchen, Butterkuchen und Obstkuchen wie Apfel- oder Zwetschgenkuchen verwendet. Auch Biskuitteig für Biskuitrollen wird auf dem Blech gebacken. Wird nur die Hälfte des Blechs belegt, sollten Sie einen Rand aus Alufolie falten und als Begrenzung auf das Blech setzen.
Auch Plätzchen und Kleingebäck wird auf dem Blech gebacken. Um größere Wartezeiten zu vermeiden, sollten Sie sich ein zusätzliches Blech anschaffen.

Kleine Backförmchen gibt es als runde Torteletten mit gezacktem oder glattem Rand, in rechteckiger, sechseckiger oder Schiffchenform. Für kleine Savarinchen nehmen Sie kleine Ringformen.

Ausstechförmchen gibt es in vielen Motiven, passend zu jedem Fest und zu jeder Gelegenheit.

Modeln bestehen aus Holz, Keramik oder Metall. Praktisch sind Rundhölzer mit mehreren Motiven.

Wann und wie wird eingefettet? Für fettreiche Teige wie zum Beispiel Mürbeteig, Blätterteig und feste Rührteige werden die Formen nicht eingefettet. Bei hohen Biskuitteigen wird nur der Boden der Form, nicht der Rand eingefettet. Die Torte fällt sonst zusammen. Bei Teigen, die nach dem Backen zusammengerollt werden, verwenden Sie gefettetes Pergamentpapier.
Backformen, die an der unteren Seite ein Muster oder Motiv haben, zum Beispiel Napfkuchenformen, werden leicht eingefettet und mit Mehl, Grieß oder Semmelbröseln ausgestreut.

Wie viele Stücke pro Kuchen? Aus einem Blech können Sie etwa 20–24 Kuchenstücke schneiden. Eine Torte von 24 cm Durchmesser ergibt 12, eine Torte von 26 cm Durchmesser 16 Stükke. Aus einer Rodonkuchenform (24 cm Durchmesser) erhalten Sie 12–16 Stücke, aus einer Kastenform von 28 cm Länge 10–15 Stücke.

Hilfsmittel beim Backen

Aluminiumfolie ist beim Backen unentbehrlich. Aus ihr formt man zum Beispiel Ränder für die offenen Seiten von nur halb belegten Kuchenblechen oder für besonders hohe Torten. Außerdem eignet sie sich gut zum Zudecken von Torten und Einschlagen von Kuchen.

Pergamentpapier verwendet man zum Auslegen von Backformen und Kuchenblechen und zum Abdecken während des Backens, damit der Kuchen an der Oberfläche nicht zu braun wird. Man kann daraus auch Spritztüten für Zuckerglasur herstellen.

Backtrennpapier: Wenn Sie ein Backblech mit diesem Papier auslegen, braucht es nicht mehr eingefettet zu werden. Gerade fürs Plätzchenbacken ist dieses Papier unentbehrlich. Es ist mehrmals verwendbar. Die Seite des Papiers, die auf das Blech gelegt wird, ist besonders gekennzeichnet.

Küchenpapier wird zum Trockentupfen von Obst verwendet. Fritiertes wird zum Abtropfen daraufgelegt.

Tortendeckchen sind eine hübsche Unterlage für alle Arten von Kuchen und Torten. Sie können zwischen runden und rechteckigen Formen und vielen Farben wählen.

Schablonen werden mit unterschiedlichen Beschriftungen und Mustern angeboten. Man legt sie auf die Oberfläche einer Torte, stäubt Puderzucker oder Kakao darüber, nimmt die Schablone vorsichtig ab und hat das gewünschte Muster auf der Torte. Schablonen können Sie übrigens selbst aus Papier anfertigen!

Welche Geräte braucht man?

Die zum Backen nötigen Geräte sollten Sie sich rechtzeitig bereitstellen.

Rührschüsseln haben am Boden einen Gummiring, der der Schüssel beim Rühren Standfestigkeit gibt. Sollten Ihre Schüsseln keinen Gummiring haben, stellen Sie sie auf einen feuchten Lappen; auf diese Weise verrutschen sie nicht.

Elektrische Handrührgeräte und Küchenmaschinen erleichtern das Backen ganz erheblich. Handrührgeräte können für Teige mit einem Mehlanteil bis zu 500 g eingesetzt werden. Was darüber hinausgeht, sollte von einer Küchenmaschine bearbeitet werden. Beide Maschinen sind mit Rührbesen und Knethaken ausgestattet. Die Rührbesen sind zum Schlagen und Schaumigrühren von flüssigen Teigen, von Eigelb- und Eiweißmassen da. Mit den Knethaken stellt man Knetteige, feste Rührteige, Hefeteige und Brandteige her. Beginnen Sie beim Rühren oder Kneten immer mit einer niedrigen Schaltstufe; nach und nach können Sie zu höheren Schaltstufen übergehen. Alle Teige, auch schwere, sind in 8–10 Minuten fertig.
Lesen Sie auf jeden Fall die Gebrauchsanweisung Ihres Gerätes, aus der hervorgeht, wie lange das Gerät laufen darf.

Teigschaber sind beim Backen unerläßlich. Mit ihnen kratzt man selbst den kleinsten Teigrest aus der Schüssel.

Well- oder Rollhölzer sind zum Ausrollen von Teigen notwendig. Sie werden in verschiedenen Materialien – Glas, Holz und Kunststoff – angeboten.

Kuchengitter dienen zum Auskühlen der Gebäckstücke. Man kann sie in verschiedenen Größen kaufen.

Backpinsel braucht man zum Bestreichen von Gebäck, Plätzchen und Kleingebäck, zum Auftragen von Glasuren und zum Ausstreichen von Backformen. Verwenden Sie nie denselben Pinsel für Fett und Glasuren!

Garhölzchen werden zur Garprobe vorsichtig in den Teig gesteckt. Wenn kein Teig daran hängen bleibt, ist der Kuchen fertig. Besonders bei Biskuitteigen ist die »Hölzchenprobe« angebracht. Geeignet ist jede Art von Holzstäbchen.

Teigrädchen gibt es aus Holz, Porzellan, Metall und Plastik. Sie werden zum Ausradeln von Kleingebäckteilen verwendet. Die Rädchen haben entweder glatte oder gezackte Ränder.

Alles über Teige

Der Hefeteig

Beispiel:
Apfelkuchen auf der Platte, S. 51

Viele Hausfrauen trauen sich nicht an Hefeteig heran. Seine Zubereitung ist aber gar nicht schwer, wenn man einige Dinge beachtet:
- Alle Zutaten sollten lauwarm sein.
- Der Teig muß gut durchgeknetet sein.
- Die Menge an Flüssigkeit, Fett und Hefe kann variiert werden, je nachdem, wie locker oder fest der Teig sein soll.
- Der Raum, in dem der Hefeteig bereitet wird, muß frei von Zugluft sein.

Außer leichten und schweren Hefeteigen gibt es Hefeteige mit Fett.

Leichter Hefeteig

500 g Mehl, 30 g Hefe
knapp 1 TL Zucker
¼ l lauwarme Milch
1 Prise Salz

Das Mehl in eine Schüssel oder auf die Arbeitsfläche geben. In die Mitte kommen die zerbröckelte Hefe, der Zucker und die Hälfte der Milch. Mit etwas Mehl vom Rand einen Vorteig anrühren und etwa 15 Minuten zugedeckt gehen lassen. Dann den Vorteig mit Mehl, der restlichen Milch und dem Salz zu einem glatten Teig verkneten, bis er Blasen wirft, glänzt und sich vom Schüsselrand löst. Eine Teigkugel formen und zugedeckt in einer großen Schüssel an einem warmen Ort gehen lassen, bis sich der Teig verdoppelt hat. Dann den Teig auf einer leicht bemehlten Fläche ausrollen und in die gewünschte Form bringen. Auf einem gefetteten Backblech 15 Minuten gehen lassen. Im vorgeheizten Backofen auf der mittleren Schiebeleiste bei 220 Grad (Elektro) oder Stufe 4 (Gas) etwa 30 Minuten backen.

Hefeteig mit Fett

500 g Mehl, 30 g Hefe
½ TL Zucker
¼ l lauwarme Milch, 50 g Zucker
1 Prise Salz
50 g Butter oder Margarine

Bis zum Vorteig wird wie beim ersten Hefeteig verfahren. Nun das Fett mit den restlichen Zutaten unterkneten. Dann den Teig formen und vor dem Backen noch 15 Minuten gehen lassen. Das Fett muß immer lauwarm, flüssig oder weich unter den warmen Hefeteig geknetet werden. Der Teig eignet sich für Kleingebäck und Blechkuchen.

Schwerer Hefeteig

500 g Mehl, 40 g Hefe, 1 TL Zucker
⅛ l lauwarme Milch, 100 g Zucker
100 g Butter oder Margarine
1 kräftige Prise Salz, 2 Eier

Wie beim ersten Hefeteig einen Vorteig bereiten, 15 Minuten gehen lassen. Dann alle anderen Zutaten dazugeben, eventuell zusätzlich 200 g Mandeln, Nüsse oder Rosinen. Weiter verfahren wie im ersten Rezept.

Der Rührteig

Beispiel:
Gesundheitskuchen, S. 36

Rührteige fließen oder fallen schwer reißend vom Löffel. Das Backpulver wird immer mit dem Mehl vermischt, damit es sich gleichmäßig verteilt. Backpulver darf nicht mit Flüssigkeit in Be-

rührung kommen. Die Kuchen schmekken besonders gut, wenn Butter, Zucker und Eier möglichst lange in einer Schüssel gerührt werden.
Rührteig sollte eigentlich mit einem Handrührgerät hergestellt werden, sonst müssen Sie Schwerstarbeit leisten!

Rührteig

250 g Butter oder Margarine
180 g Zucker, 6–8 Eier
abgeriebene Schale einer Zitrone
1 Päckchen Vanillinzucker
1 Prise Salz, 500 g Mehl, gut 1/16 l Milch
100 g kernlose Rosinen
100 g gehackte Mandeln

Die Butter oder Margarine in einer Schüssel schaumig rühren. Zucker einrieseln lassen und nach und nach die Eier unterrühren. So lange rühren, bis eine weißcremige Masse entsteht. Zitronenschale, Vanillinzucker und Salz unterrühren. Mehl (etwas übriglassen) hineingeben. Dann die Milch zufügen. Rosinen und Mandeln mit dem restlichen Mehl verrühren und unter den Teig heben. Die Backform einfetten und den Teig einfüllen. Jede Form immer nur zu drei Vierteln füllen, damit der Teig nicht über den Rand läuft. Die Form in den vorgeheizten Backofen stellen (mittlere Schiebeleiste) und bei 200 Grad (Elektro) oder Stufe 3 (Gas) etwa 40–50 Minuten backen.
Für diesen Rührteig, der mit Flüssigkeit zubereitet wird, braucht man kein Backpulver. Es folgt nun ein Rührteigrezept mit Backpulver und ohne Flüssigkeit:

200 g Butter oder Margarine
150 g Zucker, 4 Eier
500 g Mehl, 1/8 l Milch oder Wasser
abgeriebene Schale einer Zitrone oder Orange
1 Prise Salz, 1 Päckchen Backpulver
eventuell 200 g getrocknete Früchte

Wie den Teig oben zubereiten. Das Backpulver muß erst mit dem Mehl vermischt werden, bevor es unter den Teig gerührt wird.

Der Mürbeteig

Beispiel:
Himbeertörtchen, S. 73

Mürbeteig ist, wie der Name sagt, mürbe und soll auf der Zunge zergehen; dafür sorgt der hohe Fettanteil. Mürbeteig muß schnell und mit kalten Zutaten bereitet werden. Für den klassischen Mürbeteig gibt es drei Mischungen:
1. Gleiche Teile Mehl und Fett
2. Drei Teile Mehl und zwei Teile Fett
3. Halb so viel Fett wie Mehl.
Wegen des hohen Fettanteils braucht Mürbeteig nur wenig Ei. Somit kann man bei der ersten Mischung auf Eier verzichten. Bei der zweiten Mischung fügen Sie auf 250 g Mehl ein Eigelb zu. Und bei der dritten Mischung geben Sie 1 Ei und 1 Eigelb auf 250 g Mehl dazu. Der Zuckeranteil bei zarten Mürbeteigen sollte nicht mehr als 2/3 oder die Hälfte der Fettmenge betragen.
Wenn z.B. gemahlene Mandeln oder Nüsse in den Teig kommen, muß die Mehlmenge verringert werden. Ohne Zucker wird ein pikanter Mürbeteig bereitet. Auch mit dem Knethaken des Handrührgerätes oder in der Küchenmaschine kann Mürbeteig zubereitet werden. Dazu muß das Fett weich sein. Alle Zutaten werden verrührt und bei niedrigster Schaltstufe zu einem Teigklumpen verknetet.

Mürbeteig, mit der Hand verarbeitet, macht man so:
Mehl auf ein Backbrett oder die Arbeitsfläche geben. In die Mitte eine flache Mulde drücken. Da hinein kommen Zucker und Ei. Das Fett in Flöckchen auf dem Rand verteilen. Mit einer Gabel das Ei und den Zucker mit etwas Mehl verrühren. Dann mit einem langen Messer die Fettflöckchen und den Mehlrand zur Mitte durchhacken. Alles mit kühlen Händen verkneten und zu einem Teigklumpen durcharbeiten. Den Teig 30 Minuten kühl stellen.
Dann auf einer bemehlten Arbeitsfläche und mit einem bemehlten Rollholz ausrollen. Wenn der Mürbeteig sehr fetthaltig ist, sollte man ihn zwischen zwei Pergamentpapierbögen ausrollen. Wenn Sie Kleingebäck oder Plätzchen herstellen, sollten Sie immer nur einen Teil des Teiges aus dem Kühlschrank nehmen.

Der Biskuitteig

Beispiel:
Biskuitrolle, S. 23

Biskuit ist eine schaumige Masse aus Eiern, Zucker und Mehl. Dieser Teig ist schnell zuzubereiten. Wie bei allen Kuchen müssen die Zutaten sorgfältig abgewogen werden.

Biskuitteig

6 Eigelb
150 g Zucker
75 g Speisestärke
75 g Mehl
6 Eiweiß

Eigelb in einer Schüssel schaumig schlagen. Nach und nach etwa zwei Drittel des Zuckers einrieseln lassen. So lange rühren, bis die Masse hellgelb ist. Eiweiß mit dem Rührbesen des Handrührgerätes anschlagen, dann nach und nach den restlichen Zucker zufügen. Auf höherer Schaltstufe das Eiweiß schnittfest schlagen. Den Eischnee auf die Eigelbmasse gleiten lassen. Darüber das mit Speisestärke vermischte Mehl geben. Mit dem Rührlöffel (nicht mit dem Rührbesen des Handrührgerätes) Eigelb, Eischnee und Mehl durch vorsichtiges Unterheben miteinander vermischen. Sollte zu dem Biskuit Schokolade oder Fett hinzukommen, dann diese Zutaten in flüssiger, aber abgekühlter Form ganz zum Schluß zugeben.
Den Biskuitteig sofort auf ein mit gut gefettetem Pergamentpapier ausgelegtes Blech oder eine Form (Springform) geben. Im vorgeheizten Backofen (mittlere oder untere Schiebeleiste) bei 180–200 Grad (Elektro) oder Stufe 2–3 (Gas) backen. Für hohe Torten braucht man etwa 30–40 Minuten, für flaches Gebäck etwa 15–20 Minuten. Um zu sehen, ob der Teig gar ist, mit einem Hölzchen in die Teigmitte stechen (siehe Garhölzchen, S. 11). Wenn noch etwas Teig hängen bleibt, muß das Gebäck noch einige Minuten im Ofen bleiben.

Blitzbiskuit

Hierfür werden die Eier getrennt. Eiweiß schnittfest geschlagen. Dann werden Zucker, Eigelb, Mehl und Speisestärke zugegeben. Sofort in die Form füllen. Achtung! Bei Biskuitböden darf nur der Boden der Form, nicht aber der Rand gefettet werden, sonst kann der Teig nicht steigen.

Der Brandteig

Beispiel:
Brandteiggebäck, S. 81

Der Brandteig hat seinen Namen durch die besondere Zubereitung erhalten. Hierbei werden Flüssigkeit, Mehl und Fett zu einem Brei gekocht bzw. »abgebrannt«. Trotzdem ist Brandteiggebäck im Inneren sehr zart und luftig. Man stellt aus Brandteig Windbeutel, Spritzkuchen und Eclairs her. Auch für pikantes Gebäck ist Brandteig geeignet.

Brandteig

¼ l Wasser
40–60 g Butter oder Margarine
1 Prise Salz, 120–150 g Mehl, 4 Eier

Wasser, Fett und Salz in einem Topf aufkochen. Das Mehl auf einmal hineingeben. Dabei ständig rühren und den Topf zwischendurch vom Herd nehmen. So lange rühren, bis sich der Teig vom Topfboden löst und einen Kloß bildet – am Topfboden wird eine weiße Haut sichtbar. Dann den Topf wieder vom Herd nehmen, 1 Ei hineinschlagen und unterrühren. Die restlichen Eier nach und nach hineinrühren, wenn sich der Teig leicht abgekühlt hat. Der Teig muß weich, glänzend und goldgelb sein und reißend vom Löffel fallen.

Für Brandteiggebäck das Backblech einfetten. Den Teig in einen Spritzbeutel geben und je nach Wunsch, z.B. für Windbeutel, kleine Häufchen auf das Backblech spritzen. Man kann die Häufchen auch mit einem Teelöffel aufs Blech setzen. Das Blech in den vorgeheizten Backofen (mittlere Schiebeleiste) setzen und bei 220 Grad (Elektro) oder Stufe 4 (Gas) etwa 15–20 Minuten backen. Bevor die Backofentür geschlossen wird, auf den Boden des Backofens eine halbe Tasse Wasser schütten. Durch die Dampfentwicklung im Ofen geht das Gebäck noch besser auf. Auf keinen Fall darf die Backofentür während der ersten Minuten geöffnet werden, da das Gebäck sonst zusammenfällt.

Der Blätterteig

Beispiel:
Blätterteiggebäck – süß, S. 65

Blätterteig besteht aus Mehl, Wasser und Fett. Das hört sich einfach an, aber die Verarbeitung dieser Backzutaten ist höchst kompliziert! In unseren Rezepten habe ich nur tiefgekühlten Blätterteig verarbeitet, da es zu viel Zeit braucht, Blätterteig selbst herzustellen. Deshalb können wir auf ein handgemachtes Rezept verzichten.

Der Ausbackteig

Beispiel:
Berliner Pfannkuchen, S. 75

Beim Ausbacken oder Fritieren wird Gebäck schwimmend in heißem Fett gegart. Dabei bekommt das Fritiergut außen eine goldgelbe bis bräunliche Kruste, das Innere ist zart und saftig. Nicht nur Gebäck wie Berliner Pfannkuchen wird fritiert, auch Obst, Fleisch oder Fisch kann ausgebacken werden. Wir beziehen uns in den Rezepten nur auf süßes Ausgebackenes, wie Apfelkrapfen usw. Hier nun ein Ausbackteig als Grundrezept.

Ausbackteig

125 g Mehl
⅛ l Flüssigkeit (Milch, Bier, Wein)
1 Prise Salz, 2 EL Öl, 2 Eigelb
1 gestrichener TL Backpulver
2 Eiweiß

Mehl, Flüssigkeit, Salz und Öl verrühren. Zugedeckt 45 Minuten stehen lassen. Eigelb, Backpulver und steifgeschlagenes Eiweiß unterziehen.
Dann das vorbereitete Fritiergut auf eine Gabel stecken, durch den Ausbackteig ziehen und in das auf etwa 180 Grad erhitzte Fett geben. Sobald das Gebäck an der Oberfläche schwimmt, ist es gar. Mit einer Schaumkelle herausnehmen, auf Küchenpapier abfetten.
Gebäck, das schwimmend ausgebacken wird, kann aus Hefeteig, Rühr- oder Brandteig bestehen. Wichtig ist beim Fritieren das richtige Fett. Es eignen sich nur Fette, die völlig wasserfrei sind und bei den erforderlichen Temperaturen zwischen 175 und 190 Grad nicht zu qualmen beginnen. Sie müssen einen hohen »Rauchpunkt« haben. Hier sind Öle, Plattenfette (Palmin) oder weiches Pflanzenfett (Biskin) am besten. Man darf mit der Fettmenge nicht geizen, denn das Gebäck muß schwimmen.
Bei elektrischen Friteusen kann die Temperatur eingestellt werden. Wenn man in Kochtöpfen fritiert, ist ein Fritierthermometer nützlich. Die Gebäckstücke dürfen nur portionsweise ausgebacken werden.

Der Strudelteig

Beispiel:
Nuß-Apfelstrudel, S. 33

Der Strudel ist in Österreich und im süddeutschen Raum ein beliebtes Gebäck. Strudelteig zu bereiten ist einfach, jedoch braucht man etwas Geschick dazu, den Teig hauchdünn auszuziehen. Er muß so dünn ausgezogen sein, daß man die Zeitung darunter lesen kann. Die Zutaten für Strudelteig sollen lauwarm sein. Äpfel, Kirschen und Quark sind beliebte Zutaten für die Füllungen. Strudel wird meist warm gegessen. Mit einer leckeren Sauce, z. B. einer Vanillesauce, einer Weinschaumsauce oder einer Fruchtsauce – ist der Strudel ein Genuß.

Strudelteig

250 g Mehl
⅛ l lauwarmes Wasser
1 Prise Salz
50 g Butter

Das Mehl auf die Arbeitsfläche geben. In die Mitte eine Mulde drücken. Da hinein kommen Wasser, Salz und die flüssige, abgekühlte Butter. Die Zutaten gut mischen und zu einem Klumpen verkneten. Mehrere Male auf ein Brett oder die Arbeitsfläche schlagen, bis der Teig glänzend und geschmeidig ist.
Die Teigkugel mit etwas Öl bestreichen, eine leicht erwärmte Schüssel darüberstülpen und etwa 20–30 Minuten ruhen lassen. Ein sauberes Geschirrtuch auf die Arbeitsfläche legen, etwas Mehl darauf streuen und den Teig darauf ausrollen. Dann vom Tuch nehmen und von der Mitte aus über beide Handrükken legen, leicht dehnen und ziehen, bis der Teig überall gleichmäßig dünn ist. Den ausgezogenen Strudelteig auf das Tuch legen, dünn mit etwas Butter bestreichen, mit Semmelbrösel bestreuen und die Füllung darauf verteilen. Die Ränder umschlagen und den Strudel aufrollen. Dabei das Tuch anheben, so daß sich der Strudel von selbst aufrollt. Den Strudel oben mit zerlassener (nicht heißer!) Butter bestreichen und auf ein Backblech legen. Auf der mittleren Schiebeleiste bei 220 Grad (Elektro) oder Stufe 4 (Gas) etwa 20–25 Minuten backen.

Omas Kuchen

Backideen aus der guten alten Zeit

Butterkuchen

Für den Teig:
60 g Hefe
¼ l lauwarme Milch
75 g Zucker
1 Päckchen Vanillinzucker
200 g Butter
2 Eier, Salz
Saft und abgeriebene Schale einer Zitrone
375 g Mehl
125 g Kölln Schmelzflocken
Fett für die Form
Für den Belag:
100 g Butter
100 g Zucker
50 g Kokosraspel

Die Hefe in der lauwarmen Milch auflösen. Zucker, Vanillinzucker, Butter, Eier und Salz in einer Schüssel schaumig schlagen. Zitronensaft und -schale, Hefemilch, Mehl und Schmelzflocken dazugeben und zu einem glatten Teig kneten.
Den Teig auf einem eingefetteten Backblech gleichmäßig verteilen, zudecken und ca. 10 Minuten gehen lassen. Mit Butterflocken belegen, Zucker und Kokosraspel darüberstreuen. Das Backblech in den vorgeheizten Backofen schieben (mittlere Leiste) und bei 220 Grad (Elektro) oder Stufe 4 (Gas) etwa 25 Minuten backen.

TIP
Der klassische Belag des Butterkuchens besteht aus Butter, Zucker und Zimt. Wer mag, kann blättrige Mandeln darüber streuen.
Außerdem können Sie den Butterkuchen – ob er nun mit Kokosraspel oder mit Mandeln zubereitet ist – mit einem Zuckerguß versehen. Dafür wird 250 g Puderzucker in eine Schüssel gesiebt und mit 3–4 EL Zitronensaft oder Wasser verrührt. Den Zuckerguß nach dem Backen auf dem Kuchen verteilen. Wer den Guß schön dick mag, nimmt die doppelte Menge der Zutaten.

Streuselkuchen

Für den Teig:
1 Paket Backmischung Hefeteig
1/8 l lauwarmes Wasser oder Milch
1 Ei
1–2 EL Mehl zum Ausrollen
Fett für das Backblech
Für den Belag:
200 g Butter
200 g Zucker
350 g Mehl

Backmischung und Hefe in einer Schüssel gut durchmischen. Wasser (oder Milch) und das Ei zugeben. Alles mit dem Knethaken des Handrührgerätes 1 Minute kurz durchkneten. Danach bei höchster Schaltstufe 3–4 Minuten zu einem glatten Teig verarbeiten. Den Teig zudecken und warm stellen. 30 Minuten gehen lassen. Dann mit bemehlten Händen nochmals leicht durchkneten und auf einem gefetteten Backblech (35 × 40 cm) ausrollen. Für die Streusel die nicht zu weiche Butter in Flöckchen teilen, mit Zucker und Mehl locker zwischen den Händen zerkrümeln, bis sich Streusel gebildet haben. Die Streusel gleichmäßig auf der Teigplatte verteilen. Noch 20–30 Minuten gehen lassen. Dann in den vorgeheizten Backofen stellen (mittlere Leiste). Bei 225 Grad (Elektro) oder Stufe 3–4 (Gas) 25–30 Minuten backen.

TIP
Backmischungen nicht im Rezept verändern! Diese Kuchen können nur gelingen, wenn die angegebenen Zutaten auf der Packung und im Rezept beibehalten werden. Nicht etwa statt 100 g Butter oder Margarine die doppelte Menge nehmen.
Streuselkuchen können Sie sehr gut einfrieren. Selbstverständlich sollte der Kuchen vor dem Einfrieren in Portionsstücke geschnitten werden.

Streuseltorte mit Obst und Mandeln

Für den Teig:
200 g Margarine
1 Ei
200 g Zucker
1 Päckchen Vanillinzucker
1 Prise Salz
abgeriebene Schale einer Zitrone
500 g Mehl
Für den Belag:
500 g Aprikosen
100 g gehobelte Mandeln

Fett, Ei, Zucker und Vanillinzucker in einer Schüssel schaumig schlagen. Salz und das mit Backpulver vermischte Mehl und die abgeriebene Zitronenschale dazu geben. Die Mischung zu Streuseln verarbeiten. 1/3 der Streusel in eine mit Backpapier ausgelegte und leicht gefettete Springform (24 cm Durchmesser) drücken. Für den Belag die Aprikosen halbieren und entsteinen. Die Früchte auf dem Teig verteilen. Die restlichen Streusel und die Mandeln über das Obst streuen. Die Springform in den vorgeheizten Backofen stellen (untere Leiste). Bei 220 Grad (Elektro) oder Stufe 4 (Gas) etwa 25 Minuten backen. Die Torte aus dem Ofen nehmen, einige Minuten abkühlen lassen und den Rand der Springform lösen. Die Torte völlig auskühlen lassen.

TIP
Statt Aprikosen können auch Pflaumen, Kirschen oder Pfirsiche verwendet werden.

Bienenstich

Für den Teig:
300 g Mehl (Goldpuder)
30 g Hefe
⅛ l lauwarme Milch
40 g Zucker
1 Ei
1 Prise Salz
60 g Butter oder Margarine
Mehl zum Bestäuben und Ausrollen
Fett für das Backblech
Für die Füllung:
½ l Milch
1 Packung Vanillepuddingpulver
50 g Zucker
50 g Butter
1 Prise Salz
2 Eigelb
¼ l Sahne
Für die Mandelmasse:
⅛ l Sahne
50 g Zucker
50 g Bienenhonig
300 g gehobelte Mandeln

Das Mehl in eine Schüssel geben. In die Mitte eine Mulde drücken und die Hefe hineinbröckeln. Die lauwarme Milch darüber gießen, den Zucker einstreuen. Ei, Salz und Butter oder Margarine in Flöckchen auf den Mehlrand setzen. Alle Zutaten zu einem Teig verarbeiten. Den Teig kräftig durchkneten, leicht mit Mehl bestäuben und in einer Schüssel zugedeckt an einem warmen Ort etwa 20–25 Minuten gehen lassen. Für die Füllung des Bienenstichs ⅛ l Milch abmessen und das Vanillepuddingpulver damit glattrühren. Restliche Milch, Zucker, Butter und Salz in einem Topf zum Kochen bringen. Das angerührte Puddingpulver unterrühren und kurz aufkochen lassen. Eigelb unterheben. Die Puddingmasse abkühlen lassen. Sahne steif schlagen und unter die abgekühlte Puddingmasse heben. Den Teig auf einer bemehlten Arbeitsfläche durchkneten und in Größe des Backblechs ausrollen. Auf das leicht gefettete Backblech legen. Mit einer Gabel mehrere Male einstechen. Für die Mandelmasse Sahne, Zucker und Honig aufkochen. Die Mandeln einrühren. Den Topf von der Kochstelle nehmen und die Mandelmasse gleichmäßig auf der Teigplatte verteilen.
Sofort in den vorgeheizten Backofen auf die untere Leiste schieben. Bei 220 Grad (Elektro) oder Stufe 4 (Gas) etwa 20 Minuten backen. Auf einem Kuchengitter auskühlen lassen.
Die Teigplatte auf ein Brett legen und die Kanten ringsum abschneiden. Die Platte der Länge nach halbieren; dann jede Hälfte in der Mitte noch einmal quer durchschneiden. Man erhält so zwei Streifen mit und zwei Streifen ohne Mandelmasse.
Den Vanillepudding gleichmäßig auf die beiden Streifen ohne Mandelmasse geben. Die Streifen mit Mandelmasse in je 10 Stücke schneiden und auf die Vanillepudding-Stücke setzen. Leicht andrücken. Zum Servieren die Stücke ganz durchschneiden.

TIP
Damit der Vanillepudding keine Haut bekommt, bestreut man ihn vor dem Abkühlen mit ein wenig Zucker. Wenn der Bienenstich gleich gegessen wird, kann man ihn statt mit Vanillepudding auch mit Schlagsahne füllen, die mit etwas Gelatine gebunden wird. Dazu weicht man 3–4 Blatt weiße Gelatine nach Vorschrift ein und löst sie im Einweichwasser auf. Diese Lösung rührt man in ½ Liter steif geschlagene Sahne ein, die mit 50 g Zucker gesüßt wurde. Besonders gut schmeckt die Sahnefüllung, wenn man sie mit 1 Beutel Vanillinzucker oder mit etwas Vanille-Essenz aromatisiert.

Rosenkuchen

Für den Teig:
500 g Mehl
40 g Hefe
gut ⅛ l lauwarme Milch
100 g Zucker
2 Eigelb
1 Eiweiß
½ TL Salz
100 g Butter oder Margarine
1 Beutel Citro-back
Mehl zum Bestreuen
etwa 2 EL Butter oder
Margarine zum Bestreichen
Für die Füllung:
1 Eiweiß
200 g gemahlene Haselnüsse
100 g Zucker
4–5 EL Sahne oder Kondensmilch
65 g Sultaninen
40 g Sukkade (Zitronat)
½ TL Zimt
1 Doppelbeutel Rum-back
Margarine zum Einfetten der Form
Für den Guß:
½ Packung Zitronen-Fondant-Glasur

Das Mehl in eine Schüssel geben. In die Mitte eine Mulde drücken. Hefe hineinbröckeln. Lauwarme Milch und Zucker darüber verteilen. Etwas Mehl vom Rand darüber streuen.
Die übrigen Zutaten auf dem Rand verteilen. Die Zutaten mit einem Knethaken des Handrührgerätes zu einem Teig verkneten. Der Teig muß glatt sein und sich vom Schüsselrand lösen. Zugedeckt an einem warmen Ort stehen lassen, bis er zu doppelter Höhe aufgegangen ist. Auf bemehltem Backbrett oder der Arbeitsfläche wieder verkneten und zu einem etwa ½ cm dicken Rechteck ausrollen. Mit weicher Butter oder Margarine bestreichen. Die Zutaten für die Füllung mischen und auf dem Teig verteilen. Von der langen Seite her aufrollen. Die Rolle in 4 cm dicke Scheiben schneiden, in die gefettete Form setzen und noch einmal etwa 30 Minuten zugedeckt gehen lassen. In den kalten Backofen stellen (mittlere Leiste) und bei 200 Grad (Elektro) oder Stufe 3 (Gas) etwa 30–35 Minuten backen. Den Kuchen aus dem Ofen nehmen und sofort mit Zitronen-Fondant-Glasur bestreichen.

TIP
Dieser Kuchen sollte noch am gleichen Tag serviert werden, denn Hefegebäck schmeckt noch leicht temperiert am besten. Es ist allerdings auch schwerer bekömmlich!

Linzer Torte

Für den Teig:
250 g Mehl
250 g gemahlene Mandeln
200 g Zucker
1 Ei, 1 Eigelb
je 1 kräftige Messerspitze
Zimt und Nelkenpulver
Saft und Schale einer halben Zitrone
250 g Butter
Für den Belag:
1 große Backoblate (26 cm Durchmesser)
250 g Johannisbeermarmelade
1 Eigelb zum Bestreichen
40 g Mandelsplitter
etwas Puderzucker
1 Päckchen Vanillinzucker

Mehl und die Mandeln mischen und auf ein Backbrett geben. In die Mitte eine Vertiefung drücken. Zucker, Ei, Eigelb, die Gewürze, Zitronensaft und -schale hineingeben. Fettflöckchen auf dem Rand verteilen. Alle Zutaten zerhacken und mit kühlen Händen zu einem Mürbeteig verkneten. 30 Minuten in den Kühlschrank stellen. Danach ⅔ des Teiges zu einer Platte (26 cm Durchmesser) ausrollen und eine Springform damit auslegen. Die Oblate darauf legen und mit der Johannisbeermarmelade bestreichen. Einen Rand von etwa 1 cm frei lassen.
Aus der Hälfte des restlichen Teiges eine Rolle formen. Die Rolle um den Tortenrand herum legen und festdrücken. Aus dem übrigen Teig mit dem Kuchenrädchen etwa 2 cm breite Streifen ausradeln. Die Torte damit gitterartig belegen. Die Streifen mit verquirltem Eigelb bestreichen und mit den Mandelsplittern bestreuen. Die Torte in den vorgeheizten Backofen stellen (unterste Schiene) und bei 200 Grad (Elektro) oder Stufe 3 (Gas) etwa 40 Minuten goldgelb backen. Die Torte in der Springform abkühlen lassen und dann aus der Form lösen. Puderzucker und Vanillinzucker mischen, die Torte damit bestreuen.

Mohnkuchen

Für den Teig:
1 Paket Backmischung Hefeteig
⅛ l lauwarmes Wasser
1 Ei
1–2 EL Mehl zum Ausrollen
abgeriebene Schale einer Zitrone
Für den Belag:
2 Beutel Mohn-back
⅛ l heiße Milch
4 Eier
100 g gehackte Mandeln
30 g Sukkade
30 g Orangeat
1 EL Kakao
125 g Margarine
1 Beutel Rumrosinen
1 Ei zum Bestreichen

Für den Hefeteig die Backmischung, Wasser, Ei und abgeriebene Zitronenschale in eine Schüssel geben. Mit dem Knethaken des elektrischen Handrührgerätes kurz verrühren. Dann bei höchster Schaltstufe 3–4 Minuten zu einem glatten Teig kneten.
Den Teig zugedeckt 30 Minuten warm stellen. Dann den Teig mit bemehlten Händen nochmals durchkneten.
⅔ des Teiges auf ein gefettetes Backblech geben. Den restlichen Teig für das Gitter in Streifen schneiden. Für den Belag den Mohn in eine Schüssel geben. Mit kochender Milch übergießen und 10 Minuten quellen lassen. Geschmolzene Margarine und restliche Zutaten daruntermischen. Die Masse abgekühlt auf den Teig streichen.
Die Teigstreifen zu einem Gitter über die Mohnmasse legen. Mit verquirltem Eigelb bestreichen. In den vorgeheizten Backofen auf die mittlere Schiebeleiste stellen, und bei 200 Grad (Elektro) oder Stufe 3 (Gas) 30 Minuten backen. Abkühlen lassen und in Kuchenstücke schneiden.

Doboschtorte

Für den Teig:
250 g Butter, 125 g Zucker
4 Eigelb, 4 Eiweiß, 200 g Mehl
etwas Fett und Mehl für die Form
Für die Schokoladen-Buttercreme:
150 g Zucker, 6 EL Wasser
8 Eigelb, 2 EL Kakao
etwas Zitronensaft
1 Päckchen Vanillinzucker
500 g Butter
Für die Karamelglasur:
250 g Zucker, Saft einer halben Zitrone

Butter, Zucker und Eigelb schaumig rühren, das Eiweiß steif schlagen. Eiweiß zur Butter-Zucker-Mischung geben. Dann das Mehl unterheben. Den Boden einer Springform (26 cm Durchmesser) einfetten und bemehlen. 2 Eßlöffel Teig dünn auf den Boden streichen. In den vorgeheizten Backofen stellen (mittlere Leiste). Bei 175 Grad (Elektro) oder Stufe 2 (Gas) 8–10 Minuten backen. Die Teigmenge ergibt etwa 7 Böden.
Für die Füllung Zucker und Wasser erhitzen und goldgelb werden lassen. Eigelb weißcremig schlagen. Die Zuckerlösung eßlöffelweise zufügen. Topf vom Herd nehmen. Alles so lange schlagen, bis die Masse dickcremig ist. Kakao, Zitronensaft und Vanillinzucker zufügen. Dann die Butter flöckchenweise zugeben. Die Buttercreme zudecken und kühl stellen.
Für die Karamelglasur Zucker in einem kleinen Topf auflösen. Zitronensaft zufügen, Masse unter ständigem Rühren goldgelb werden lassen. Die Masse muß in kleinen Spitzen vom Löffel fallen. Einen Tortenboden mit der Karamelglasur begießen. Ein langes scharfes Messer einfetten und den Tortenboden schnell in 16 Tortenstücke schneiden. Die 16 Portionsstücke zum Abkühlen beiseitestellen. Die sechs Tortenböden und den Rand mit Buttercreme bestreichen. Böden übereinandersetzen. Zuletzt die 16 glasierten Stücke auf die Torte setzen. Zwei Stunden kühl stellen.

Zitronenroulade

Für die Biskuitmasse:
4 Eiweiß, 4 EL kaltes Wasser
200 g Zucker
1 Päckchen Vanillinzucker
4 Eigelb, 80 g Speisestärke, 80 g Mehl
1 gestrichener TL Backpulver
Fett für das Blech
Für die Füllung:
⅛ l Wasser
6 Blatt weiße Gelatine
⅛ l Zitronensaft
abgeriebene Schale einer Zitrone
125 g Zucker
¼ l Sahne
1 Päckchen Vanillinzucker
Für den Guß:
200 g Puderzucker
2 EL Zitronensaft
2 EL Wasser

Eiweiß und Wasser in einer Schüssel mit dem Rührbesen des Handrührgerätes auf höchster Stufe sehr steif schlagen. Dabei Zucker und Vanillinzucker einrieseln lassen. Auf niedrigster Schaltstufe Eigelb unterziehen und zuletzt das Gemisch aus Speisestärke, Mehl und Backpulver unterheben. Die Biskuitmasse auf einem mit gefettetem Pergamentpapier ausgelegten Backblech gleichmäßig verstreichen und im vorgeheizten Backofen bei 200 Grad (Elektro) oder Stufe 3 (Gas) 12–15 Minuten backen (mittlere Leiste). Nach dem Bakken die Biskuitplatte auf ein feuchtes Tuch stürzen und das Papier abziehen. Die Ränder flachdrücken, die Platte mit Hilfe des Tuches aufrollen und abkühlen lassen. Für die Füllung in Wasser eingeweichte, gut ausgedrückte und aufgelöste Gelatine, Zitronensaft, -schale und Zucker gut verrühren und kalt stellen, bis die Masse zu gelieren beginnt. Sahne und Vanillinzucker steif schlagen und unter die Zitronenmasse heben. Wieder kalt stellen. Die Biskuitrolle auseinanderrollen und mit der Füllung bestreichen. Wieder aufrollen. Die Roulade mit Zitronenguß glasieren.

Bûche de Noël

(Biskuitbaumstamm)

Für den Teig:
4 Eigelb
3 EL heißes Wasser
1 Päckchen Vanillinzucker
4 Eiweiß
200 g Mehl
1 gestrichener TL Backpulver
Fett für das Blech
Für die Creme:
250 g Butter
100 g Zucker
2 gestrichene TL Pulverkaffee
150 g halbbittere Schokolade
Puderzucker zum Bestäuben

Eigelb, Wasser und Vanillinzucker dickcremig schlagen. Eiweiß steif schlagen und auf die Eigelbmasse geben. Mehl und Backpulver mischen und über die Eimasse geben. Alles vorsichtig unterziehen. Ein Backblech mit Backpapier auslegen und leicht einfetten. Den Teig daraufstreichen, das Blech in den vorgeheizten Backofen auf die mittlere Leiste schieben. Bei 200 Grad (Elektro) oder Stufe 3 (Gas) etwa 12–15 Minuten backen. Den Teig auf ein feuchtes Tuch stürzen. Das Backpapier abziehen. Den Teig mit Hilfe des Tuches aufrollen und die Rolle ganz auskühlen lassen.
Für die Creme Butter und Zucker schaumig rühren. Pulverkaffee zufügen. Die Schokolade im Wasserbad auflösen und löffelweise unter die Buttercreme schlagen. Die Biskuitrolle wieder aufrollen und mit der Hälfte der Creme bestreichen. Mit Hilfe des Tuches wieder aufrollen und von außen mit der restlichen Creme bestreichen. Mit einer Gabel ein Borkenmuster ziehen. Von der Roulade jeweils außen ein Stück abschneiden und leicht schräg auf den Stamm setzen. Damit soll ein Ast angedeutet werden. Die Schnittfläche mit Puderzucker bestäuben.

Biskuitrolle

1 Paket Backmischung Biskuit
3 Eier
3–4 EL Wasser (50 ccm)
Margarine zum Einfetten
Für die Füllung:
1 Glas Himbeermarmelade (etwa 450 g)
etwas Zucker zum Aufrollen
Puderzucker zum Bestäuben

Backmischung, Eier und Wasser in eine Schüssel geben, mit dem Rührbesen des Handrührgerätes kurz verrühren; dann bei höchster Schaltstufe 3–4 Minuten luftig, schaumig schlagen. Das Backblech mit Backpapier auslegen und leicht einfetten. Den Teig etwa 1 cm dick auf das Backpapier streichen. Ist das Backblech an einer Seite offen, dort das Papier etwas hochfalten, damit ein Rand entsteht und der Teig nicht auslaufen kann. Das Blech in den vorgeheizten Ofen auf die untere Leiste schieben. Bei 225 Grad (Elektro) oder Stufe 4 (Gas) etwa 10–12 Minuten backen. Ein Küchenhandtuch mit Zucker bestreuen und die gebackene Biskuitplatte daraufstürzen. Papier abziehen und die Biskuitplatte sofort mit verrührter Marmelade bestreichen. Von der breiten Seite her mit Hilfe des Handtuchs aufrollen. Die Rolle auskühlen lassen. Dann mit etwas Puderzucker bestäuben.

TIP
Die Biskuitplatte nicht zu dunkel bakken, da sie sonst beim Aufrollen leicht bricht. Für eine Biskuitrolle, die mit Creme gefüllt wird, die Biskuitplatte gleich nach dem Backen mit Hilfe des Handtuchs aufrollen, auskühlen lassen, vorsichtig auseinanderrollen und dann mit der Creme bestreichen. Erneut aufrollen. Eine Biskuitrolle kann auch oben mit einem Guß bestrichen werden. Verrühren Sie dazu einen zur Füllung passenden Fruchtsirup mit Puderzucker. Auch ein Guß aus Milchschokolade schmeckt gut. Soll's schnell gehen, nehmen Sie fertige Kuchenglasur.

Quarktorte

1000 g Magerquark
6 Eigelb
Saft und Schale einer Zitrone
200 g Zucker
1 Prise Salz
2 Päckchen Vanillinzucker
250 g weiche Butter
100 g Grieß
1 Päckchen Backpulver
6 Eiweiß
etwas Mehl und Butter für die Form

Den Quark auf einem Sieb gut abtropfen lassen. Eigelb, Zitronensaft und -schale, die Hälfte des Zuckers, Salz, Vanillinzucker und Butter mit dem Rührbesen des Handrührgerätes in einer Schüssel cremig schlagen.
Grieß und Backpulver mischen. Eiweiß mit dem restlichen Zucker steif schlagen. Grieß und Eischnee unter die Quarkmasse heben.
Boden und Rand einer Springform (26 cm Durchmesser) mit Butter leicht einfetten und mit Mehl bestäuben. Die Quarkmasse einfüllen und glattstreichen.
In den vorgeheizten Backofen stellen (unterste Schiebeleiste). Bei 190 Grad (Elektro) oder Stufe 2 (Gas) etwa 75 Minuten backen. Damit die Torte nicht zu braun wird, 10 Minuten vor Ende der Garzeit einen Bogen Pergamentpapier über den Kuchen decken.

Philadelphia-Torte

Für den Teig:
10 Scheiben Zwieback
60 g Butter oder Margarine
3 gestrichene TL Zucker
Fett für die Form
Für den Belag:
600 g Doppelrahm-Frischkäse
150 g feiner Zucker
1 Päckchen Vanillinzucker
0,2 l dicke saure Sahne
abgeriebene Schale von 2 Zitronen
abgeriebene Schale einer Orange
5 Eigelb
5 Eiweiß

Den Zwieback in eine Plastiktüte stekken und mit einem Rollholz mehrere Male darüberrollen, bis er feingewalzt ist. Die Zwiebackbrösel in eine Schüssel geben, die Butter (oder Margarine) und den Zucker zufügen. Alles sehr gut durchkneten, bis die Masse zusammenhält. Boden und Rand einer Springform (26 cm Durchmesser) leicht einfetten. Den Zwiebackteig auf dem Boden der Form andrücken. Frischkäse, Zucker, Vanillinzucker und saure Sahne in einer Schüssel verrühren. Abgeriebene Zitronen- und Orangenschale zufügen. Eigelb unterrühren. Eiweiß sehr steif schlagen und unter die Käsemasse heben. Die Käsemasse in die Form geben und glattstreichen.
In den vorgeheizten Backofen stellen (untere Schiebeleiste). Bei 150 Grad (Elektro) oder Stufe 1 (Gas) etwa 90 Minuten backen. Den Tortenrand mit einem spitzen Messer lösen, die Torte herausnehmen und abkühlen lassen. Dann erst vom Springformboden lösen.

TIP
Die Torte ist gar, wenn bei leichtem Fingerdruck die Mitte fest ist und nur wenig nachgibt.
Außerdem muß der steifgeschlagene Eischnee völlig unter die Käsemasse gezogen werden, damit keine weißen Eiweiß-Flöckchen zu sehen sind.

Baumkuchentorte

Für den Teig:
250 g weiche Butter oder Margarine
250 g Zucker, 1 Beutel Citro-back
5 Eier, 100 g Mehl
150 g Speisestärke
100 g gemahlene Mandeln
1 Doppelbeutel Rum-back
Für den Belag:
125 g reine Marzipanrohmasse
75 g Puderzucker
Zum Bestreichen:
3–4 EL Orangen- oder Aprikosenmarmelade
Für den Guß:
200 g Halbbitterkuvertüre
25 g gehärtetes Pflanzenfett
Zum Verzieren:
rote Belegkirschen

Das weiche Fett, Zucker, Citro-back, Eier, Mehl, Speisestärke und Mandeln mit dem Rührbesen des Handrührgerätes etwa 3 Minuten zu einem glatten Teig verrühren. Zuletzt Rum-back unter die Masse ziehen. Auf den gut gefetteten Boden einer Springform (22–24 cm Durchmesser) etwa 1 Eßlöffel von der Teigmasse dünn verstreichen. Die Form auf den Rost stellen und so hoch wie möglich in den vorgeheizten Backofen einschieben. Bei 250 Grad (Elektro) oder Stufe 8 (Gas) etwa 8–10 Minuten goldgelb backen. Eine weitere Teigschicht darauf streichen, goldgelb bakken und so weiter verfahren, bis der Teig verbacken ist. In der Zwischenzeit Marzipanrohmasse und Puderzucker zu einer glatten Masse verkneten und zwischen zwei Bögen Klarsichtfolie oder Pergamentpapier zu einer runden Platte ausrollen. Nach dem Backen die Torte aus der Form lösen. Die noch heiße Torte mit verrührter Konfitüre bestreichen. Die Marzipanplatte darüber legen und fest andrücken. Die Kuvertüre und Palmin auflösen, verrühren und über die Torte gießen. Den Rand glattstreichen. Torte mit Marzipan und Belegkirschen garnieren.

Schwarzwälder Kirschtorte

Für den Teig:
1 Paket Backmischung Schokoladen-Torte
100 g Margarine, 3 Eier
5–6 EL Wasser (75 ccm)
Fett für die Form
Für die Füllung und zum Bestreichen:
4–5 EL kochendes Wasser, 50 g Butter
2 Gläser (je 2 cl) Kirschwasser
1 Glas Sauerkirschen (450 g)

Backmischung, Fett, Eier und Wasser mit dem Rührbesen des Handrührgerätes verrühren; dann bei höchster Schaltstufe 3–4 Minuten cremig rühren. Eine Springform (24 cm Durchmesser) einfetten. Den Teig in die Form geben. Im vorgeheizten Backofen bei 175 Grad (Elektro) oder Stufe 1–2 (Gas) 45–55 Minuten backen. Den Kuchen auf einem Kuchengitter abkühlen lassen. Dann quer durchschneiden. Inzwischen für die Füllung die Cremischung, die in der Packung enthalten ist, mit dem kochenden Wasser verrühren, in einer Schüssel cremig rühren. Butter dazugeben, kurz aufschlagen.
Die durchgeschnittene Torte mit dem Kirschwasser beträufeln. Die Sahne steif schlagen. Den unteren Boden mit einem Drittel der Creme bestreichen. Darüber die Hälfte der Sahne verteilen. Die abgetropften Kirschen (einige zum Garnieren zurückbehalten) darauf verteilen. Dann Sahne darauf streichen. Tortendeckel mit der restlichen Schokoladencreme bestreichen, auf die Sahne setzen. Die Torte mit Sahne und Kirschen garnieren. 30 Minuten durchziehen lassen.

Triester Torte

Für den Teig:
1 Paket Backmischung Haselnußkuchen
100 g Butter oder Margarine
2 Eier
5–6 EL Wasser (75 ccm)
Fett für die Form
Zum Füllen und Glasieren:
1 Glas Johannisbeergelee (450 g)
150 g Puderzucker
2–3 EL Zitronensaft

Backmischung, Butter (oder Margarine), Eier und Wasser in eine Schüssel geben. Mit dem Rührbesen des elektrischen Handrührgerätes kurz verrühren. Dann bei höchster Schaltstufe 3–4 Minuten cremig rühren. Eine Springform (24–26 cm Durchmesser) einfetten. Den Teig in die gefettete Form füllen und glattstreichen. In den vorgeheizten Backofen stellen (untere Schiebeleiste). Bei 175 Grad (Elektro) oder Stufe 2 (Gas) etwa 60–70 Minuten backen. Die Torte auskühlen lassen und einmal waagerecht durchschneiden. Johannisbeergelee verrühren. 3 Eßlöffel zum Garnieren zurückbehalten. Etwa zwei Drittel des Gelees auf den unteren Boden streichen. Die andere Tortenhälfte daraufsetzen und leicht andrücken. Den Rest des Gelees auf der Oberfläche verteilen.
Puderzucker und Zitronensaft glattrühren und über die Torte gießen. Mit einem breiten Messer glattstreichen. Mit kleinen Geleetupfen garnieren.

TIP
Besonders gut schmeckt die Torte, wenn die trockene Zimtglasur-Mischung mit in den Teig gegeben wird.

Zuger Kirschtorte

Für die Mandelböden:
4 Eiweiß, 120 g Zucker
1 Päckchen Vanillinzucker
10–20 g Mehl
100 g gemahlene Haselnüsse
Für den Biskuitboden:
1 Paket Backmischung Biskuit
3 Eier, 3–4 EL Wasser (50 ccm)
Zum Tränken:
⅛ l Kirschwasser, 4 EL Wasser
1 EL Puderzucker
Für die Buttercreme:
100 g Butter, 90 g Zucker, 1 Eigelb
Außerdem:
etwas Johannisbeergelee
40 g gehobelte, geröstete Mandeln
etwas Puderzucker

Eiweiß steif schlagen. Zucker, Vanillinzucker, Mehl und Haselnüsse locker unterziehen. Masse in zwei mit gefettetem Pergamentpapier ausgelegte Springformen (24 cm Durchmesser) geben. Im vorgeheizten Backofen (mittlere Schiebeleiste) bei 150 Grad (Elektro) oder Stufe 1 (Gas) etwa 25 Minuten backen. Abkühlen lassen. Für den Biskuitboden die Backmischung, Eier und Wasser verrühren und bei höchster Schaltstufe 3–4 Minuten schaumig schlagen. In die nur am Boden gefettete Springform (24 cm Durchmesser) füllen und bei 175 Grad (Elektro) oder Stufe 2 (Gas) etwa 30 Minuten backen. Kirschwasser mit Wasser und Puderzucker verrühren und den Biskuitboden damit tränken.
Für die Buttercreme Butter schaumig schlagen, Zucker zufügen, Eigelb unterrühren. Mit etwas Johannisbeergelee rosa färben. Die Nußböden auf einer Seite dünn mit Buttercreme bestreichen. Zwischen die Nußböden den Biskuitboden setzen. Torte mit der restlichen Buttercreme bestreichen, den Rand mit Mandelblättchen bestreuen. Die Oberfläche dick mit Puderzucker bestäuben. Mit dem Messerrücken ein Rautenmuster ziehen.

Marzipan-Schokoladen-Torte

Für den Teig:
200 g weiche Butter oder Margarine
200 g Zucker
1 Päckchen Vanillinzucker
4 Eier
100 g Speisestärke
100 g Mehl
1 gestrichener TL Backpulver
Fett für die Form
Für die Füllung:
200 g Butter oder Margarine
180 g Puderzucker
125 g bittere Schokolade, 1 Ei
1 Glas Johannisbeergelee
Außerdem:
1 Packung Marzipanrohmasse (200 g)
100 g Puderzucker
Für den Guß:
125 g dunkle Schokoladenfettglasur
Zum Garnieren:
gehobelte Mandeln

Das weiche Fett in eine Schüssel geben. Zucker, Vanillinzucker, Eier, Speisestärke, Mehl und Backpulver zufügen. Alles mit dem Rührbesen des Handrührgerätes auf höchster Stufe 2 Minuten gut verrühren. Von dem Teig auf gut gefettetem Springformboden (26 cm Durchmesser) 3–4 Platten im vorgeheizten Backofen (mittlere Schiene) bei 200 Grad (Elektro) oder Stufe 3 (Gas) 25–30 Minuten backen und auskühlen lassen. Den Vorgang wiederholen, bis der Teig aufgebraucht ist.
Für die Füllung Butter oder Margarine schaumig rühren. Alle anderen Zutaten dazugeben und alles glattrühren. Die Hälfte der Teigplatten mit Creme, (etwas Creme zurücklassen), die anderen Hälften mit verrührtem Johannisbeergelee bestreichen. Dann zu einer Torte zusammensetzen.
Marzipanrohmasse und Puderzucker miteinander verkneten und ausrollen. Einen Kreis von etwa 27 cm Durchmesser ausschneiden und auf die Torte legen. Den überhängenden Rand leicht nach unten biegen. Aus der restlichen Marzipanmasse einen Streifen in Höhe der Torte ausrollen. Um die Torte legen, dabei leicht andrücken.
Für den Guß die Schokoladen-Fett-Glasur im Wasserbad auflösen und auf der Tortenoberfläche und an den Seiten auftragen. Zum Glattstreichen ein Messer mit breiter Klinge, das vorher leicht erwärmt wurde, benutzen. Die restliche Creme in einen Spritzbeutel füllen und damit die Torte garnieren. In jeden Cremetupfen ein Mandelblättchen stecken.

Böhmische Mohntorte

125 g Margarine (Sanella)
125 g Zucker, 1 Prise Salz
4 Eier, getrennt
125 g feingemahlener Mohn
125 g feingehackte Sukkade (Zitronat)
75 g geriebene Schokolade
Margarine zum Einfetten, Semmelbrösel
100 g Puderzucker
3 EL Slibowitz
Schokoladenraspel zum Garnieren

Fett, Eier und Zucker schaumig rühren. Mohn, Salz, Sukkade und Schokolade zufügen. Zum Schluß sehr steif geschlagenen Eischnee vorsichtig unterheben. Eine Springform (22 cm Durchmesser) einfetten, mit Semmelbrösel ausstreuen. Den Teig einfüllen. Im vorgeheizten Backofen bei 175 Grad (Elektro) oder Stufe 2 (Gas) etwa 60–70 Minuten backen. Mit einem Guß aus Puderzucker und Slibowitz überziehen. Mit Schokoladenraspel garnieren.

Rübli-Torte

(Möhrentorte)

Für den Teig:
300 g Möhren, 6 Eigelb
130 g Puderzucker, abgeriebene Schale einer Zitrone,
Salz
300 g gemahlene Mandeln
40 g Mehl, 1 TL Backpulver
6 Eiweiß, Butter oder Margarine
200 g Aprikosenmarmelade
2 EL heißes Wasser
Für den Guß:
250 g Puderzucker, 1 Eiweiß
14 kleine Marzipanmöhren

Die Möhren unter kaltem Wasser abspülen und sehr fein reiben. Eigelb und Puderzucker dickcremig schlagen. Zitrone, Salz, Mandeln, Mehl, Backpulver und die Möhren unterheben. Eiweiß sehr steif schlagen und unterziehen. Eine Springform (24 cm Durchmesser) einfetten. Den Teig einfüllen, glattstreichen. In den vorgeheizten Backofen schieben. Bei 180 Grad (Elektro) oder Stufe 2 (Gas) etwa 60–70 Minuten backen. Den Kuchen auf ein Kuchengitter setzen. Auskühlen lassen. Inzwischen die Marmelade und Wasser verrühren. Den Kuchen mit Hilfe eines Zwirnfadens durchschneiden. Beide Böden mit der Marmelade bestreichen und übereinander setzen. 20 Minuten ruhen lassen, bis die Marmelade angetrocknet ist. Für den Guß Puderzucker und Eiweiß verrühren und diese Masse auf die angetrocknete Marmeladenoberfläche geben. Den Guß auch am Rand verstreichen. Etwa weitere 10 Minuten antrocknen lassen. Die Tortenstücke markieren und auf jedes Tortenstück am Rand eine kleine Möhre legen. Die Torte am besten einen Tag stehen lassen, bevor sie angeschnitten wird.

TIP
Wenn man die Möhrchen selbst machen will, 150 g Marzipanrohmasse, etwas Puderzucker und rote Lebensmittelfarbe verkneten.

Wiener Sachertorte

Für den Teig:
140 g Margarine (Sanella)
140 g Zucker
6 Eigelb
6 Eiweiß
140 g halbbittere Schokolade
125 g Mehl
1 TL Backpulver
Fett für die Form
150 g Aprikosenmarmelade
1 EL heißes Wasser
Für die Glasur:
100 g halbbittere Schokolade
25 g zerlassenes Pflanzenfett

Margarine, Zucker und Eigelb schaumig rühren. Schokolade auflösen, leicht abgekühlt unter die Eigelbmasse rühren. Mehl und Backpulver unterrühren. Zuletzt den sehr steif geschlagenen Eischnee unterheben. Eine Springform (24 cm Durchmesser) ausfetten und mit Mehl leicht bestäuben. Den Teig einfüllen. Im vorgeheizten Backofen (untere Schiebeleiste) bei 200 Grad (Elektro) oder Stufe 2–3 (Gas) etwa 60–70 Minuten backen. Die ausgekühlte Torte einmal durchschneiden. Aprikosenmarmelade und Wasser verrühren, erst den unteren, dann den oberen Tortenboden damit bestreichen. Die Böden zusammensetzen. Die restliche Schokolade auflösen, mit Pflanzenfett mischen und die Torte damit überziehen.

Auch so schmeckt die Sachertorte:

Für den Teig:
200 g Butter
150 g Zucker
8 Eigelb, 8 Eiweiß
240 g Mehl
200 g Halbbitter-Schokolade
1 TL Vanille-Extrakt, Salz
Margarine zum Einfetten
4 EL Aprikosenkonfitüre (160 g)
Für die Glasur:
250 g Halbbitter-Schokolade
¼ l Wasser, 150 g Zucker

Schokolade im heißen Wasserbad auflösen und wieder abkühlen lassen. Butter, Zucker, Vanillinextrakt und Salz schaumig rühren. Erst die weiche Schokolade, dann Eigelb unterrühren. Eiweiß steif schlagen und auf die Schokoladenmasse geben. Mehl zufügen, alles vorsichtig unterheben. Den Boden und Rand einer Springform (24 cm Durchmesser) einfetten und den Teig einfüllen. Die Oberfläche glattstreichen. In den vorgeheizten Backofen stellen (untere Schiene). Bei 160 Grad (Elektro) oder Stufe 1 (Gas) etwa 80 Minuten backen. Dann auskühlen lassen, stürzen und quer durchschneiden. Die mit etwas Wasser verrührte Aprikosenkonfitüre auf den unteren Tortenboden streichen. Die zweite Platte darüber setzen. Für die Glasur die Schokolade auflösen. Zucker und Wasser 10 Minuten einkochen. Dann mit der Schokolade verrühren. Damit die Oberfläche und den Rand bestreichen. Den Guß abkühlen lassen. Die Torte in 8 große Stücke teilen.

Weizen-Auszugmehl
Type 405
GOLD
PUDER

Baba au rhum

Für den Teig:
250 g Mehl (Goldpuder)
20 g Hefe
1 TL Zucker
½ Tasse lauwarme Milch
100 g zerlassene Butter oder Margarine
Salz, 20 g Zucker
abgeriebene Schale einer halben Zitrone
3 Eier
Fett und Semmelbrösel für die Form
Zum Tränken:
4 EL Zucker, 4 EL Wasser
Saft von 3 Orangen und einer Zitrone
2–3 EL Rum (54 Vol.%)
Zum Bestreichen:
4 EL Aprikosenmarmelade
Für die Füllung:
2 Dosen Fruchtcocktail
2–3 EL Rum (54 Vol.%)
¼ l Sahne
1 Päckchen Vanillinzucker

Mehl in eine Schüssel geben. In die Mitte eine Vertiefung drücken und die Hefe hineinbröckeln. Zucker darüberstreuen. Milch zugießen und zum Vorteig verrühren. 15 Minuten zugedeckt stehen lassen. Butter, Salz, Zucker, Zitronenschale und Eier unterrühren. Noch einmal 15 Minuten gehen lassen. Eine Baba- oder Guglhupfform mit Fett ausstreichen und mit Semmelbröseln ausstreuen. Die Form mit dem Teig füllen. Dann nochmals gehen lassen. In den vorgeheizten Backofen stellen und bei 200 Grad (Elektro) oder Stufe 3 (Gas) etwa 35 Minuten backen. Dann aus der Form lösen – aber nicht herausnehmen. Zucker, Wasser, Rum, Orangen- und Zitronensaft aufkochen und über den Kuchen gießen. Gut einziehen lassen. Den Teigring auf eine Platte stürzen. Aprikosenmarmelade verrühren und den Kuchen damit bestreichen. Den Fruchtcocktail auf einem Sieb abtropfen lassen, mit Rum beträufeln. Sahne steif schlagen, Vanillinzucker zugeben und unter das Obst mischen. Alles in den Kuchenring füllen.

Schokoladen-Nußtorte

Für den Teig:
150 g Butter oder Margarine
2 TL abgeriebene Schale einer Orange
1 Päckchen Vanillinzucker
200 g Zucker
3 Eier
100 g Speisestärke
2 gestrichene TL Backpulver
250 g gemahlene Haselnüsse
Margarine zum Einfetten
Für den Guß:
100 g Butter oder Margarine
250 g Puderzucker
5 gestrichene EL Kakao
½ gestrichener TL Pulverkaffee
2 EL Wasser
Zum Garnieren:
Schokoladenstreusel

Das weiche Fett in eine Schüssel geben, Orangenschale, Vanillinzucker, Zucker, Eier, Speisestärke, Backpulver und die Haselnüsse daruntermischen. Alles mit dem Rührbesen des Handrührgerätes auf höchster Stufe 2 Minuten verrühren. Den Teig in eine gut gefettete Springform (26 cm Durchmesser) geben. In den vorgeheizten Backofen stellen (mittlere Schiene) und bei 175–200 Grad (Elektro) oder Stufe 2–3 (Gas) etwa 50 Minuten backen.
Die Torte abkühlen lassen. Für den Guß Fett schaumig rühren. Puderzucker, Kakao und in Wasser aufgelöstes Kaffeepulver unterrühren.
Die abgekühlte Torte mit dem Guß bestreichen und mit Schokoladenstreuseln garnieren.

TIP
In älteren Rezepten liest man noch häufig, daß das zum Backen verwendete Mehl gesiebt werden soll. Heute ist dies nicht mehr nötig – die modernen Lagermethoden garantieren für die Reinheit des Mehls.

Kaiserin-Torte

Für den Teig:
250 g Pflanzenfett
250 g Zucker
1 Päckchen Vanillinzucker
1 Prise Salz
5 Eier, 250 g Mehl
75 g Speisestärke
2 TL Backpulver
200 g Sukkade (Zitronat)
Fett für die Form
100 g gehackte Mandeln
3 EL Rum
Für den Guß:
200 g Puderzucker
2 EL Zitronensaft
2 EL Wasser
25 g Pflanzenfett
12 kandierte Kirschen

Fett, Zucker, Vanillinzucker, Salz und Eier schaumig schlagen. Mehl, Speisestärke und Backpulver mischen und dazugeben. 150 g Sukkade, Mandeln und Rum unter den Teig heben. Eine Springform (26 cm Durchmesser) einfetten, den Teig einfüllen und im vorgeheizten Backofen bei 175 Grad (Elektro) oder Stufe 2 (Gas) 55–60 Minuten backen (mittlere Leiste). Puderzucker, Zitronensaft, Wasser und zerlassenes Pflanzenfett zu einem Guß verrühren und die warme Torte damit überziehen. Die restliche Sukkade in feinste Stückchen schneiden und über der Torte verteilen. Mit Kirschen garnieren.

TIP
Vielleicht haben Sie sich schon darüber geärgert, daß beim Abreiben von Orangen und Zitronen ein großer Teil der Schale in den Ritzen der Reibe zurückbleibt und nicht herauszulösen ist. Um dies zu verhindern, drückt man einfach ein Stück Alufolie fest auf die Reibfläche. Erst dann werden die Früchte angerieben. Wenn Sie jetzt die Folie abheben, geht nichts von der geriebenen Schale verloren – außerdem ist die Reibe viel leichter zu reinigen.

Frankfurter Kranz

Für den Teig:
1 Paket Backmischung
Frankfurter Kranz
3 Eier
3–4 EL Wasser
Fett für die Form
Für die Füllung:
⅛ l kalte Trinkmilch
(keine rohe Vorzugsmilch)
80 g Butter oder Margarine
(zerlassen und lauwarm)
Krokant zum Bestreuen

Backmischung, Eier und Wasser in eine Schüssel geben. Mit dem Rührbesen des Handrührgerätes kurz verrühren. Dann bei höchster Schaltstufe 3–4 Minuten cremig schlagen. In eine gefettete Kranzform (22–24 cm Durchmesser) geben und glattstreichen. In den vorgeheizten Backofen stellen (untere Leiste). Bei 175 Grad (Elektro) oder Stufe 2 (Gas) 45–60 Minuten backen. Für die Füllung die kalte Milch und die Cremenmischung (ist in der Packung enthalten) in einer Schüssel kurz verrühren. Mit dem Rührbesen des Handrührgerätes bei höchster Schaltstufe 1–2 Minuten steif schlagen. Nach und nach die zerlassene Butter oder Margarine in einer Minute unterschlagen.
Den frisch gebackenen Kuchen einige Minuten abkühlen lassen. Mit einem spitzen Messer aus der Form lösen. Etwa 1 Stunde auf einem Kuchengitter auskühlen lassen. Danach zweimal quer durchschneiden. Auf jeder Kranzlage 3 Eßlöffel Creme verteilen und die Kuchenschichten wieder zusammensetzen. Mit der restlichen Creme den Kranz außen bestreichen. Etwas zum Garnieren zurückbehalten. Dann mit Krokant bestreuen. Dazu den Kranz leicht schräg halten. Oben mit einigen Cremetupfen verzieren.

Noch eine Idee: Zum Kindergeburtstag den cremig aufgeschlagenen Teig in 6 kleine Kranzformen (10 cm Durchmesser) füllen und backen. Nach dem Auskühlen mit der zubereiteten Creme füllen und garnieren.

TIP
Es gibt einen kleinen Trick, mit dessen Hilfe man Biskuitböden ganz gerade durchschneiden kann: Mit einem spitzen Messer ritzt man rund um den Kuchenrand eine Markierung ein. In diese Kerbe legt man einen Zwirnsfaden und zieht die Schlinge zusammen – der Kuchen ist quer durchgeschnitten.

Nuß-Apfelstrudel

Für den Strudelteig:
250 g Mehl
1 EL Öl, 1 großes Ei
⅛ l lauwarmes Wasser
1 Prise Salz
Öl zum Bestreichen
Mehl zum Ausrollen
Für die Füllung:
400 g säuerliche Äpfel
125 g Zucker
100 g gemahlene Haselnüsse
abgeriebene Schale einer Zitrone
1 TL Zimt
½ Beutel Rum-Rosinen
Fett für das Blech
Eigelb zum Bestreichen

Mehl, Öl, Ei, Wasser und Salz zu einem glatten Teig verschlagen. In eine Schüssel geben und die Oberfläche mit Öl bestreichen. 30 Minuten zugedeckt an einem warmen Ort ruhen lassen. Dann auf einem bemehlten Küchenhandtuch ausrollen und über dem Handrücken auseinanderziehen. Der Teig muß so dünn werden, daß das Handtuch durchscheint.
Für die Füllung Äpfel schälen, Kerngehäuse entfernen und die Äpfel grob raffeln. Mit Zucker, Haselnüssen, der abgeriebenen Zitrone, Zimt und Rosinen gut mischen. Diese Mischung auf dem Teig verteilen. Teigrand vorn 5 cm, an den Seiten 3 cm frei lassen. Vorderen Teigrand über die Äpfel schlagen. Dann den Strudel von vorne aufrollen. Dazu das Tuch anheben.
Zuletzt die Seitenränder einschlagen und andrücken. Backblech einfetten und den Strudel mit verquirltem Eigelb bestreichen. Das Blech in den vorgeheizten Backofen auf die mittlere Leiste schieben. Bei 175 Grad (Elektro) oder Stufe 1 (Gas) etwa 40 Minuten backen.

TIP
Der Strudel kann auch mit reichlich zerlassener Butter – statt mit Eigelb – bestrichen werden.

Kirschstrudel

Für den Teig:
230 g Mehl
60 g zerlassene Butter
1 großes Ei, Salz
⅛ l Wasser
zerlassene Butter zum Bestreichen
3 EL Semmelbrösel
Butter zum Einfetten
Für die Füllung:
1000 g entsteinte Sauerkirschen
250 g Zucker, 2 TL Zimt

Mehl auf ein Backbrett geben. In die Mitte eine Mulde drücken. Lauwarme Butter, verquirltes Ei, Salz, Wasser hineingeben und alle Zutaten zu einem glatten Teig verkneten. So lange schlagen, bis er glänzend und geschmeidig ist. 30 Minuten zugedeckt an einem warmen Ort ruhen lassen. Die Kirschen mit Zucker und Zimt mischen. Den Strudelteig auf einem großen Küchenhandtuch dünn ausrollen und über dem Handrükken ausziehen. Dann den Teig mit zerlassener Butter bestreichen (die Butter darf nicht mehr warm sein!) Semmelbrösel darüber streuen. Abgetropfte Kirschen auf dem Strudelteig in einer langen Reihe verteilen. Den Teigrand vorn 5 cm, seitlich 3 cm breit frei lassen. Vorderen Teigrand über die Kirschen schlagen. Dann den Strudel mit Hilfe des Handtuchs von vorne aufrollen. Die Seitenränder einschlagen und andrükken. Das Backblech einfetten, den Strudel darauf legen und mit reichlich zerlassener, lauwarmer Butter bestreichen. In den vorgeheizten Backofen schieben (mittlere Schiene). Bei 200 Grad (Elektro) oder Stufe 3 (Gas) etwa 35 Minuten backen.

Gut gerührt

Kuchen mit langer Tradition

Honigkuchen mit Ingwerstücken

Für den Teig:
1 Paket Backmischung Rührkuchen
125 g Butter oder Margarine
3 Eier
5–6 EL Wasser (75 ccm)
1 TL Zimt
1 TL Nelkenpulver
100 g kandierter Ingwer
3 EL Bienenhonig
Für die Glasur:
200 g Puderzucker
etwa 3 EL Rum oder Kirschwasser

Backmischung, weiche Butter oder Margarine, Eier und Wasser, Zimt und Nelkenpulver mit dem Rührbesen des Handrührgerätes kurz bei Schaltstufe 1 verrühren. Dann bei höchster Schaltstufe 3–4 Minuten cremig rühren. Den kandierten Ingwer in sehr feine Stückchen schneiden und zusammen mit dem Honig unterrühren. Eine Sonnenform (22 cm Durchmesser) einfetten und den Teig in die Form füllen. Obenauf glattstreichen. Die Form in den vorgeheizten Backofen (untere Schiebeleiste) stellen. Bei 175 Grad (Elektro) oder Stufe 2 (Gas) etwa 55–60 Minuten bakken.
Die Form aus dem Ofen nehmen und etwas abkühlen lassen. Vorsichtig auf ein Kuchengitter stürzen und darauf völlig auskühlen lassen. Für den Guß Puderzucker und Rum oder Kirschwasser in einem Schälchen verrühren. Mit einem breiten Messer, das vorher nicht erwärmt wurde, den Guß gleichmäßig über den Kuchen verteilen.

TIP
Wenn zum Abmessen der Zutaten ein Meßbecher verwendet wird, muß zum Beispiel bei Mehl die Oberfläche völlig glatt sein. Dafür den Becher mit dem Inhalt leicht auf die Tischplatte aufstoßen, damit sich dann die Oberfläche völlig glättet.

Gesundheitskuchen

Für den Teig:
180 g Butter oder Margarine
200 g Zucker
4 Eier
150 g Mehl
100 g Kölln Schmelzflocken
2 Tl Backpulver
1 Prise Salz
Zum Tränken:
100 g Puderzucker
Saft von 2 Orangen
Saft einer Zitrone

Butter oder Margarine in einer Schüssel schaumig rühren. Löffelweise Zucker hinzufügen. Nacheinander die Eier zugeben und unterrühren. Mehl, Schmelzflocken und Backpulver mischen und unterheben. Eine Kastenform mit von beiden Seiten gefettetem Pergamentpapier auslegen. Den Teig hineinfüllen und obenauf glattstreichen. In den vorgeheizten Backofen (untere Schiebeleiste) stellen. Bei 190 Grad (Elektro) oder Stufe 2–3 (Gas) etwa 60 Minuten backen. Den noch heißen Kuchen kurz abkühlen lassen, dann auf ein Kuchengitter setzen und das Papier abziehen. Puderzucker und den Fruchtsaft verrühren und mit einem Pinsel auftragen, bis die Flüssigkeit eingesogen ist. Dafür die Oberfläche einige Male einstechen, damit die Mischung gut in den Kuchen eindringen kann.

TIP
Noch intensiver schmeckt der Kuchen, wenn in den Teig die abgeriebene Schale einer Orange oder ein Beutel Orangeback gegeben wird.

Altdeutscher Napfkuchen

250 g Butter oder Margarine
250 g Zucker
8 Eigelb
375 g Mehl
70 g süße Mandeln
10 g bittere Mandeln
abgeriebene Schale einer Zitrone
8 Eiweiß
Puderzucker zum Bestäuben

Butter oder Margarine in einer Schüssel schaumig rühren. Zucker und Eigelb nach und nach zugeben. Das Mehl, die Mandeln und Zitronenschale darübergeben. Mit dem Rührbesen des Handrührgerätes auf höchster Schaltstufe etwa 3–4 Minuten rühren.
Eiweiß in einer Schüssel steif schlagen und unter den Teig heben. Eine Napfkuchenform einfetten und den Teig in die Form füllen.
In den vorgeheizten Backofen (untere Schiebeleiste) stellen und bei 180 Grad (Elektro) oder Stufe 2 (Gas) etwa 65–75 Minuten backen. Dann den Kuchen abkühlen lassen und auf ein Kuchengitter stürzen. Mit Puderzucker bestäuben.

TIP
Wenn man Rührkuchen einfrieren will, den Kuchen völlig auskühlen lassen. Dann in Alufolie – am besten portionsweise – einfrieren. So hält sich der Kuchen ein halbes Jahr in der Gefriertruhe. Auch im rohen Zustand kann Rührteig eingefroren werden. In diesem Fall den Teig in einer Aluform einfrieren und auch darin unaufgetaut in den Backofen schieben. Dann verlängert sich die Backzeit um etwa 30 Minuten.
Ein Napfkuchen braucht nicht immer mit Puderzucker bestäubt zu werden. Auch ein Guß aus Schokolade schmeckt sehr gut. Für einen Kindergeburtstag könnten Sie einen Puderzuckerguß mit etwas Lebensmittelfarbe im Lieblingston färben.

Napfkuchen mit Früchten

Für den Teig:
200 g Butter oder Margarine
200 g Zucker
3 Eier
1 Prise Salz
abgeriebene Schale einer Zitrone
knapp ⅛ l Milch
500 g Mehl
1 Päckchen Backpulver
25 g süße geriebene Mandeln
6 g bittere geriebene Mandeln
100 g Sultaninen, 100 g Korinthen
60 g Zitronat
Butter oder Margarine zum Einfetten
gemahlene Mandeln zum Ausstreuen
Puderzucker zum Bestäuben

Butter oder Margarine in eine Schüssel geben und weißcremig rühren. Zucker, Eier, Salz nach und nach zufügen. Abgeriebene Zitronenschale und Milch einrühren. Mehl (1–2 Eßlöffel zurücklassen – siehe Tip!) und Backpulver mischen und unter die Ei-Fettmischung heben. Dann die Mandeln unterziehen. Sultaninen, Korinthen und Zitronat mit dem restlichen Mehl mischen und unter den Teig heben.
Eine Napfkuchenform mit Butter oder Margarine einfetten und mit den Mandeln ausstreuen. Dann den Teig in die Napfkuchenform füllen. Die Form auf die untere Schiebeleiste stellen. Bei 180 Grad (Elektro) oder Stufe 2 (Gas) etwa 65–75 Minuten backen. Dann in der Form kurz abkühlen lassen und auf ein Kuchengitter setzen, damit der Napfkuchen völlig auskühlen kann.

TIP
Wer mag, kann auch noch zusätzlich in den Teig Schokoladenraspel oder Schokoplätzchen geben. Damit die Früchte nicht zu Boden sinken, läßt man ein wenig Mehl übrig und mischt die Früchte mit dem Mehl. Erst dann zuletzt unter den Teig heben.

Königskuchen

250 g Butter oder Margarine
200 g Zucker
3 Eier
1 Prise Salz
1 Prise Kardamom
250 g Mehl
75 g Speisestärke
2 gestrichene TL Backpulver
75 g gehackte Mandeln
125 g Korinthen
50 g gewürfelte Sukkade (Zitronat)
3 Beutel Rum-back
Fett für die Form

Butter oder Margarine in eine Schüssel geben und schaumig rühren. Zucker, Eier, Salz, Kardamom und das Gemisch aus Mehl (etwas Mehl übrig lassen), Speisestärke und Backpulver zufügen. Mit dem Rührbesen des elektrischen Handrührgerätes etwa 2 Minuten verrühren. Dann die Mandeln, Korinthen und Sukkade mit dem restlichen Mehl in einer Schüssel mischen.
Zusammen mit dem Rum-back unter den Teig mischen. Eine Kastenform (30 cm Länge) einfetten und mit etwas Mehl oder Grieß ausstreuen. Den Teig einfüllen. Die Kastenform in den vorgeheizten Backofen (unterste Schiebeleiste) stellen. Bei 175 Grad (Elektro) oder Stufe 2–3 (Gas) etwa 75–85 Minuten backen.

TIP
Sollte der Kuchen obenauf zu schnell bräunen, dann ein Stück Pergamentpapier auf den Teig legen.

Eischwerkuchen

Für den Teig:
300 g Butter oder Margarine
300 g Zucker
1 Päckchen Vanillinzucker
4 Eier (300 g), mit der Schale gewogen
300 g Mehl
abgeriebene Schale einer Zitrone
Fett für die Form
Für den Guß:
150 g Puderzucker
2 EL Zitronensaft

Butter oder Margarine in eine Schüssel geben und weißschaumig rühren. Nach und nach Zucker, Vanillinzucker und Eier in das Fett geben. Mit dem Rührbesen des elektrischen Handrührgerätes schaumig schlagen. Das Mehl und die abgeriebene Zitronenschale unterrühren. Noch etwa 4 Minuten rühren, damit der Teig luftig wird. Eine Kastenform einfetten und den Teig hineinfüllen. Obenauf glattstreichen. Die Kastenform in den vorgeheizten Backofen (unterste Schiebeleiste) stellen. Bei 200 Grad (Elektro) oder Stufe 3 (Gas) etwa 45 Minuten backen.
Für den Guß Puderzucker und Zitronensaft verrühren. Den Kuchen kurz in der Form lassen, dann herausnehmen und auf ein Kuchengitter setzen. Darauf völlig auskühlen lassen. Den Guß darauf streichen, bis er verbraucht ist. Er kann auch seitlich unregelmäßig herunterlaufen.
Dieser Kuchen wird auch Gleichschwerkuchen genannt, weil die Zutaten Fett, Zucker, Mehl und Eier in gleichem Gewichtsverhältnis stehen. Auf Treibmittel und Flüssigkeit wird verzichtet. Wenn jedoch für diesen Teig beispielsweise Sukkade oder Zitronat, Rosinen oder Schokoladenstückchen verwendet werden, ist das Treibmittel dennoch erforderlich. Man gibt auf 100 g dieser genannten Zutaten eine Messerspitze Backpulver hinzu.

Gefüllter Sandkuchen

Für den Teig:
1 Paket Backmischung Sandkuchen
knapp 200 g Butter oder Margarine
3 große Eier
2 Blatt weiße Gelatine
1 Flasche Dessertsauce Kirsch
1 Schachtel Krokant
1 EL Rum

Backmischung, weiche Butter oder Margarine und die Eier in einer Schüssel mit dem Rührbesen des Handrührgerätes verrühren. Danach bei höchster Schaltstufe 3–4 Minuten cremig rühren.
Eine Kastenform (25–30 cm) einfetten. Den Teig einfüllen und obenauf glattstreichen. In den vorgeheizten Backofen (untere Schiebeleiste) stellen. Bei 175 Grad (Elektro) oder Stufe 2 (Gas) etwa 70–80 Minuten backen. Den Kuchen einige Minuten abkühlen lassen. Mit einem spitzen Messer aus der Form lösen. Zum Abkühlen auf ein Kuchengitter stellen. Inzwischen die Gelatine kalt einweichen, gut ausdrücken. Die Dessertsauce kurz erhitzen und die ausgedrückte Gelatine darin auflösen. Leicht gelieren lassen. Den ausgekühlten Kuchen zweimal durchschneiden und mit Rum beträufeln. Die Dessertsauce auf die untere und die zweite Teigplatte streichen. Die Kuchenstücke wieder zusammensetzen. Die obere Kuchenplatte daraufsetzen. Den Sandkuchen auch von außen mit der Dessertsauce bestreichen. Etwas fest werden lassen und dann mit Krokant bestreuen.

TIP
Bei diesem Kuchen sollten Sie ganz nach Lust und Laune mit den verschiedensten Geschmacksnuancen experimentieren. Statt der köstlichen Dessertsauce Kirsch eignet sich auch Karamelsauce oder Schokoladensauce. Wer fruchtigen Geschmack mag, sollte Heidelbeer- oder Erdbeersauce verwenden. Diese Saucen gibt es fertig zu kaufen.

Nußkranz

Für den Teig:
200 g Butter oder Margarine
150 g Zucker
1 Päckchen Vanillinzucker
3 Eier
100 g Speisestärke
150 g Mehl
2 gestrichene TL Backpulver
100 g gemahlene Haselnüsse
3 EL Kakao
3–4 EL Milch
Für den Guß:
200 g Puderzucker
3–4 EL Rum

Das weiche Fett in eine Schüssel geben. Zucker, Vanillinzucker, Eier, Speisestärke, Mehl und Backpulver daraufgeben. Alles mit dem Rührbesen des elektrischen Handrührgerätes auf höchster Schaltstufe etwa 2 Minuten verrühren. ⅔ des Teiges in eine gut gefettete Springform (26 cm Durchmesser) füllen. Nüsse in einer trockenen Pfanne hellgelb rösten und abkühlen lassen. Zusammen mit Kakao und Milch unter den restlichen Teig mischen. Den dunklen Teig auf den hellen Teig geben. Eine Gabel spiralenförmig durch den Teig ziehen. Die Form in den vorgeheizten Backofen stellen (unterste Schiebeleiste) und bei 175–200 Grad (Elektro) oder Stufe 2–3 (Gas) etwa 40–50 Minuten backen.
Nach dem Backen den Kuchen kurz abkühlen lassen, dann auf ein Kuchengitter setzen, damit der Kuchen völlig auskühlen kann.
Für den Guß Puderzucker und Rum in einer Schüssel verrühren und den Kuchen damit überziehen.

TIP
Statt der Rumglasur kann auch eine Haselnußglasur verwendet werden. Diese gibt es schon fix und fertig; sie braucht nur noch im Wasserbad aufgelöst zu werden.

Sandkuchen kaiserliche Art

Für den Teig:
1 Paket Backmischung Sandkuchen
knapp 200 g Butter oder Margarine
3 große Eier, 1 Eigelb
100 g feingewiegte Sukkade (Zitronat)
Fett für die Form
Für die Glasur:
200 g Puderzucker, 1 Eiweiß
3–4 EL Sukkade (Zitronat)

Backmischung, Butter oder Margarine, Eier und Eigelb mit dem Rührbesen des elektrischen Handrührgerätes auf Schaltstufe 1 etwas verrühren. Dann bei höchster Schaltstufe etwa 3–4 Minuten cremig rühren. Zum Schluß die Sukkade unterheben. Springform (24 cm Durchmesser) einfetten, Teig einfüllen und glattstreichen. Im vorgeheizten Backofen (untere Schiebeleiste) bei 175 Grad (Elektro) oder Stufe 2 (Gas) 70–80 Minuten backen. Für die Glasur Puderzucker und Eiweiß glattrühren; über den Kuchen gießen. Mit Sukkade bestreuen.

Schokoladen-Nuß-Ring

1 Paket Backmischung Haselnußkuchen
100 g Butter oder Margarine
2 Eier, 5–6 EL Wasser (75 ccm)
4 EL Schokoladenstreusel
Fett für die Form
Für die Glasur:
1 Päckchen Zimt-Fondant-Glasur
1–2 EL heißes Wasser

Backmischung, Butter oder Margarine, Eier und Wasser in eine Schüssel geben. Mit dem Rührbesen des elektrischen Handrührgerätes bei Schaltstufe 1 verrühren; dann bei höchster Schaltstufe 3–4 Minuten cremig rühren. Die Schokoladenstreusel mit dem Rührlöffel unterheben. In die eingefettete Kranzform (24 cm Durchmesser) füllen, obenauf glattstreichen. In den vorgeheizten Backofen stellen (untere Schiebeleiste) und bei 175 Grad (Elektro) oder Stufe 2 (Gas) etwa 60–70 Minuten backen. Kurz auskühlen lassen und auf ein Kuchengitter stürzen. Dann völlig auskühlen lassen. Die Zimt-Fondant-Glasur und das Wasser verrühren. Den Kuchen damit glasieren.

Marmorkuchen

Für den hellen Teig:
250 g Butter oder Margarine
150 g Zucker, 1 Prise Salz
1 Päckchen Vanillinzucker
4 große Eier, 375 g Mehl
120 g Speisestärke
1 Päckchen Backpulver, 1/8 l Milch
Für den dunklen Teig:
100 g Zucker, 50 g Kakao, 2 EL Milch
Außerdem:
Fett für die Form
Grieß zum Ausstreuen der Form
Puderzucker zum Bestäuben

Das weiche Fett, Zucker, Salz und Vanillinzucker in einer Schüssel mit dem Rührbesen des Handrührgerätes schaumig rühren. Die Eier nach und nach hinzufügen. Dann Mehl, Speisestärke und Backpulver zugeben und mit der Milch zusammen gut verrühren.
Den Teig halbieren. Für den dunklen Teig Zucker und Kakao verrühren, Milch zufügen. Napfkuchenform einfetten und mit Grieß ausstreuen. Erst den hellen, dann den dunklen Teig in die Form geben. Eine Gabel in Drehbewegungen durch die beiden Teigschichten ziehen.
Die Kuchenform im vorgeheizten Backofen (untere Schiebeleiste) bei 190 Grad (Elektro) oder Stufe 2–3 (Gas) etwa 50–60 Minuten backen. Nach dem Backen etwa 8–10 Minuten im ausgeschalteten Backofen stehen lassen. Den Kuchen in der Form kurz abkühlen lassen, dann mit einem spitzen Messer vom Rand lösen und vorsichtig auf ein Kuchengitter stürzen. Etwa 2 Stunden auskühlen lassen. Mit Puderzucker bestäuben.

Quark-Rodonkuchen

125 g Butter, 200 g Zucker
2 Päckchen Vanillezucker
2 Eier, 1 Prise Salz
200 g Magerquark, 65 g geriebene Mandeln
3 Tropfen Bittermandelöl
65 g Sultaninen, 1–3 EL Mehl
300 g Mehl, 1 Päckchen Backpulver
Außerdem:
Fett für die Form
Semmelbrösel zum Bestreuen

Butter, Zucker, Vanillezucker und Eier nacheinander in eine Schüssel geben und mit dem Rührbesen des Handrührgerätes auf höchster Schaltstufe 3–4 Minuten schaumig rühren. Salz, durch ein Sieb gestrichenen Quark, Mandeln und Bittermandelöl unterrühren. Sultaninen und Mehl mischen und unterheben. Mehl und Backpulver mischen und vorsichtig unter den Teig ziehen.
Napfkuchenform einfetten und mit Semmelbröseln ausstreuen. Teig in die Form füllen. Obenauf glattstreichen. Form in den vorgeheizten Backofen (untere Schiebeleiste) stellen und bei 180–200 Grad (Elektro) oder Stufe 2–3 (Gas) 55–65 Minuten backen. 5–10 Minuten im ausgeschalteten Backofen stehen lassen. In der Form kurz abkühlen lassen, dann den Rand mit einem spitzen Messer lösen und den Kuchen vorsichtig auf ein Kuchengitter stürzen. 2 Stunden völlig auskühlen lassen.

TIP
Und hier ein Quark-Rodon, der sich noch schneller zubereiten läßt:
1 Paket Backmischung Rührkuchen
125 g Butter oder Margarine
2 Eier, 50 ccm Wasser
1 EL Magerquark
Den Teig nach Packungsanweisung verrühren. Den cremigen Quark unterrühren. Teig in gefettete Form geben. Bei 175 Grad (Elektro) oder Stufe 2–3 (Gas) etwa 60–65 Minuten backen. Abkühlen lassen.

Ananastorte umgedreht

100 g Kandisfarin (brauner Zucker)
6 Scheiben Ananas
6 rote Belegkirschen
einige geviertelte Walnußkerne
100 g Butter
150 g feinster Zucker
1 Prise Salz
200 g Mehl
2 gestrichene TL Backpulver

Den Boden einer Springform (26 cm Durchmesser) mit Pergamentpapier auslegen. Kandisfarin daraufstreuen und die abgetropften Ananasscheiben nebeneinander darauf verteilen.
In die Mitte der Ananasscheiben jeweils eine rote Kirsche legen, in die Zwischenräume jeweils einige Nußstückchen.
Das Fett in eine Schüssel geben und schaumig rühren. Nach und nach Zukker, Salz und Eier zugeben, zuletzt das mit Backpulver vermischte Mehl.
Teigmasse auf die Ananasscheiben geben. Die Springform in den vorgeheizten Backofen (untere Schiebeleiste) stellen und bei 180 Grad (Elektro) oder Stufe 2 (Gas) etwa 50–60 Minuten backen. Die Torte in der Form abkühlen lassen und auf eine Tortenplatte stürzen. Dazu schmeckt sehr gut geschlagene Sahne.

TIP
Die Ananasringe können auch durch Pfirsiche aus der Dose oder durch Apfelscheiben, die erst etwas angedünstet werden, ersetzt werden. Werden Pfirsiche genommen, muß der Pfirsich mit der Rundung nach oben auf den Springformboden gelegt werden.
Und noch ein interessanter Tip:
Setzen Sie Backpflaumen statt Kirschen in die Ananasringe. Am besten nehmen Sie entkernte Kurpflaumen und legen sie vorher einige Stunden in Rum, Weinbrand oder Armagnac, bis sie sich richtig vollgesogen haben.

Schneller Zitronenkuchen

Für den Teig:
150 g Butter oder Margarine
200 g Zucker, 2 Beutel Citro-back
4 Eier, 500 g Mehl,
1 Päckchen Backpulver, 1/8 l Milch
Fett für die Form
Für die Glasur:
1 Packung Zitronenglasur
etwa 3 EL Wasser
Zum Garnieren:
Belegkirschen

Butter oder Margarine in einer Schüssel schaumig schlagen. Zucker, Eier, Citroback unterrühren und so lange rühren, bis die Masse weißcremig ist. Mehl und Backpulver mischen und zusammen mit der Milch unter die Fett-Eiermasse heben. Ein Backblech (oder eine Pyrexform aus Glas) mit Butter oder Margarine einfetten und den Teig hineingeben. Obenauf glattstreichen. Die Form in den vorgeheizten Backofen (untere Schiebeleiste) stellen und bei 200 Grad (Elektro) oder Stufe 3 (Gas) etwa 15 Minuten backen. In der Zwischenzeit die Glasur bereiten. Dafür die Zitronenglasur mit Wasser in einer Schüssel verrühren.
Den Kuchen aus dem Ofen nehmen und die Glasur sofort darüber gießen. Die Kuchenstücke markieren und mit Belegkirschen garnieren.

TIP
Damit der Kuchen noch intensiver nach Zitrone schmeckt, sticht man ihn auf der Oberfläche einige Male ein und gießt den Saft einer Zitrone darüber.

Haselnußkuchen

200 g Margarine
200 g Zucker, 3 Eier
125 g Speisestärke, 125 g Mehl
3 gestrichene TL Backpulver
125 g gemahlene Haselnüsse
Fett für die Form
Semmelbrösel
Puderzucker zum Bestreuen

Das weiche Fett in eine Schüssel geben. Zucker, Eier, Speisestärke, Mehl, Backpulver und die Nüsse darauf geben. Alles mit dem Rührbesen des Handrührgerätes auf höchster Stufe ungefähr 2 Minuten verrühren. Eine Napfkuchenform einfetten und mit Semmelbröseln ausstreuen. Den Teig einfüllen. Die Form in den vorgeheizten Backofen (untere Schiene) stellen; bei 175–200 Grad (Elektro) oder Stufe 2–3 (Gas) 65–75 Minuten backen.
Den Kuchen aus dem Ofen nehmen, kurz abkühlen lassen. Dann auf ein Kuchengitter stellen und völlig auskühlen lassen. Mit Puderzucker bestreuen.

TIP
Wer mag, kann den Kuchen auch mit einer Glasur aus Schokolade oder Zuckerguß überziehen und mit Haselnüssen garnieren. Sollte der Kuchen eingefroren werden, den Guß und die Garnierung erst nach dem Auftauen auf den Kuchen geben.

Hier noch eine Teigvariante:
250 g gemahlene Haselnüsse
3 Tropfen Bittermandelöl
1 Prise Salz, 150 g Zucker
250 g Mehl, 1 Päckchen Backpulver
⅛ l Milch, ⅛ l Wasser
2 EL Pulverkaffee

Alle Zutaten werden mit dem Rührbesen des Handrührgerätes verrührt und in eine gefettete Form gegeben. Bei 190 Grad (Elektro) oder Stufe 2–3 (Gas) etwa 35–40 Minuten backen.

Gewürzkuchen

125 g Margarine
200 g Zucker
3 Eigelb
125 g halbbittere, in Stückchen geschnittene Schokolade
1 TL Zimt
1 TL Nelkenpulver
1 Prise Salz
300 g Mehl
¼ Päckchen Backpulver
⅛ l Milch
3 Eiweiß
Für den Guß:
1 Beutel dunkle Kuchenglasur
einige Schokoladenblätter, kandierte Früchte und Pinienkerne zum Garnieren

Das weiche Fett in eine Schüssel geben. Zucker, Eigelb, Schokolade, Gewürze, das Mehl und Backpulver zusammen mit der Milch nacheinander unter das Fett rühren. Alles mit dem Rührbesen des Handrührgerätes auf höchster Stufe gut verrühren. Eiweiß in einer Schüssel sehr steif schlagen und unter den Teig heben. Eine Kastenform einfetten und mit Semmelbrösel ausstreuen. Den Teig in die Form füllen. In den vorgeheizten Backofen (untere Schiebeleiste) stellen und bei 180 Grad (Elektro) oder Stufe 2 (Gas) etwa 40–50 Minuten backen. Den Kuchen aus dem Ofen nehmen, kurz abkühlen lassen, dann auf ein Kuchengitter setzen und völlig auskühlen lassen.
Für den Guß die Kuchenglasur im Wasserbad erhitzen und den Kuchen damit überziehen. Den Kuchen hübsch garnieren.

TIP
Statt der angegebenen Gewürze kann man auch 2 Teelöffel Pfefferkuchengewürz verwenden. Außerdem schmeckt der Kuchen sehr gut, wenn 1 Eßlöffel Rum in den Teig gegeben wird.

Orangenkuchen

200 g Margarine
200 g Zucker
1 Päckchen Vanillinzucker
4 Eier
250 g Mehl
125 g Speisestärke
4 gestrichene TL Backpulver
2 EL Milch
2 EL Cointreau
½ Beutel Orange-back
Fett und Semmelbrösel für die Form

Für den Guß:
100 g Puderzucker
2 EL Orangensaft
1 TL geschmolzenes Palmin
Außerdem:
Schale einer Orange
4 EL Orangensaft
20 g Zucker

Margarine in eine Schüssel geben und schaumig rühren. Nacheinander Zukker, Vanillinzucker und Eier zugeben. Mehl und Speisestärke zusammen mit der Milch, dem Cointreau und Orangeback unterrühren. Eine Kranzform (16 cm Durchmesser) einfetten und mit Semmelbrösel ausstreuen. Den Teig einfüllen, und die Form in den vorgeheizten Backofen (untere Schiebeleiste) stellen und bei 200 Grad (Elektro) oder Stufe 3 (Gas) etwa 50 Minuten backen.
Den Kuchen aus dem Ofen nehmen, kurz abkühlen lassen, auf ein Kuchengitter setzen, damit er völlig auskühlen kann. Für den Guß Puderzucker in eine Schüssel sieben, zusammen mit Orangensaft und geschmolzenem Kokosfett verrühren. Den Kuchen damit überziehen. Eine Orangenschale (ohne die weiße Haut) in sehr feine Streifchen schneiden. Den Orangensaft und Zukker in einem Topf erhitzen und die Orangenschalen darin etwa 5 Minuten ziehen lassen. Abkühlen lassen und auf dem Orangenguß verteilen.

Nußtorte

Für den Teig:
225 g Butter oder Margarine
225 g feiner brauner Zucker
4 Eier
60 g gemahlene Mandeln
225 g Mehl
1 Messerspitze Zimt
¼ TL Backpulver
Butter oder Margarine zum Einfetten
Für den Guß:
2 Päckchen helle Kuchenglasur
Zum Garnieren:
12 süße Mandeln

Butter oder Margarine in eine Schüssel geben, Zucker zufügen und die Masse schaumig rühren. Die Eier nach und nach zugeben.
Mandeln, Mehl, Zimt und Backpulver unter die Fett-Eiermischung heben und einen geschmeidigen Teig rühren.
Eine Springform (26 cm Durchmesser) mit Pergamentpapier auslegen und einfetten. Die Teigmasse hineinfüllen und obenauf glattstreichen.
Die Form in den vorgeheizten Backofen (untere Schiebeleiste) stellen und bei 180 Grad (Elektro) oder Stufe 2 (Gas) etwa 75 Minuten backen.
Der Kuchen bleibt noch 10 Minuten im ausgeschalteten Backofen stehen. Den Kuchen in der Form etwas abkühlen lassen, dann erst auf ein Kuchengitter stürzen und völlig auskühlen lassen.
Für den Guß die Schokoladenglasur im Wasserbad erhitzen und direkt aus der Verpackung über den Kuchen gießen. Eventuell mit einem breiten Messer das zuvor leicht angewärmt wurde, obenauf glattstreichen. Die Glasur kurz antrocknen lassen und 12 Kuchenstücke markieren.
Jedes Kuchenstück mit einer Mandel garnieren. Die Mandeln vorher in kochendes Wasser legen, 1–2 Minuten ziehen lassen und zwischen Daumen und Zeigefinger aus der Schale lösen. Kurz abtrocknen und die Mandelkerne auf die Torte legen.

Sandkuchen mit Kirschen

250 g Butter oder Margarine
250 g Zucker
4 Eier
abgeriebene Schale einer Zitrone
1 Prise Salz
250 g Mehl
1 Beutel Rum-back
1 Glas Kirschen (450 g)
1 Beutel geriebene Mandeln
Puderzucker zum Bestäuben

Butter oder Margarine in eine Schüssel geben und schaumig rühren. Zucker und Eier nach und nach dazugeben. So lange rühren, bis die Masse weißcremig ist. Abgeriebene Zitronenschale, Salz und Mehl nach und nach dazurühren. Die Kirschen auf einem Sieb gut abtropfen. Eine Springform (26 cm Durchmesser) einfetten. Die Kirschen und die Mandeln mischen und vorsichtig unter den Teig heben. Alles in die Springform geben.
Die Form in den vorgeheizten Backofen stellen (untere Schiebeleiste) und bei 190 Grad (Elektro) oder Stufe 2–3 (Gas) 65–75 Minuten backen. Noch 10 Minuten im ausgeschalteten Backofen stehen lassen. Zum Schluß den Kuchen mit Puderzucker fein bestäuben.
Natürlich kann man diesen Teig auch ebenso mit Johannisbeeren oder Stachelbeeren mischen. Dann sollte man aber etwa 750 g Früchte nehmen. Auch mit kleinen Aprikosenhälften aus dem Glas schmeckt dieser Kuchen sehr gut.

TIP
Dieser Kuchen läßt sich problemlos einfrieren. Nach dem Auskühlen – im ganzen oder in Portionen geschnitten – in Alufolie wickeln und einfrieren.

Barbarakuchen

Für den Teig:
200 g Butter oder Margarine
abgeriebene Schale einer Zitrone oder
1 Beutel Citro-back
250 g Zucker
4 Eier
125 g Speisestärke
125 g Mehl
½ gestrichener TL Backpulver
Fett für die Form
Für den Guß:
150 g Puderzucker
2 EL Kakao
1–2 EL Wasser
25 g zerlassenes Kokosfett

Das weiche Fett in eine Schüssel geben. Zitronenschale oder Citro-back, Zukker, Eier, Speisestärke, Mehl, Backpulver daraufgeben. Alles mit dem Rührbesen des elektrischen Handrührgerätes etwa 2 Minuten auf höchster Stufe gut verrühren. Den Teig in eine mit gefettetem Pergamentpapier ausgelegte Kastenform (30 cm Länge) füllen. In den vorgeheizten Backofen (untere Schiene) stellen und bei 175–200 Grad (Elektro) oder Stufe 2–3 (Gas) etwa 75–90 Minuten backen.
Nach dem Backen den Kuchen in der Form belassen und etwas abkühlen. Dann auf ein Kuchengitter setzen, das Papier abziehen. Für den Guß Puderzucker, Kakao und Wasser verrühren und mit dem zerlassenen Kokosfett verrühren. Den ausgekühlten Kuchen mit dem Schokoladenguß begießen.

TIP
Wenn es schneller gehen soll, kann man auch fertige Schokoladenglasur verwenden. Sie wird gleich in der Packung im Wasserbad erhitzt und sofort über den Kuchen gegossen. Den Kuchen etwa 2 Stunden stehen lassen.

Java-Kuchen

Für den Teig:
100 g Butter oder Margarine
2 Eier
125 g Zucker
1 Päckchen Vanillinzucker
1 Prise Salz
150 g Mehl
1 TL Backpulver
Butter oder Margarine zum Einfetten der Form
Für den Belag:
100 g gehobelte Mandeln
75 g Butter
100 g Zucker
1 EL Mehl
2 EL Sahne

Für den Teig die Butter oder Margarine zerlassen, aber nicht braun werden lassen. Dann wieder abkühlen. Eier in einer Schüssel mit dem Rührbesen des elektrischen Handrührgerätes schaumig schlagen. Den Zucker, Vanillinzucker und Salz einstreuen. Mehl und Backpulver mischen und zusammen mit der zerlassenen Butter oder Margarine zu der Fett-Eiermischung geben.
Eine Springform (24 cm Durchmesser) einfetten. Den Teig einfüllen und obenauf glattstreichen. Die Form in den vorgeheizten Backofen (untere Schiebeleiste) stellen und bei 200 Grad (Elektro) oder Stufe 3 (Gas) 20 Minuten backen. Für den Belag alle Zutaten in einen kleinen Topf geben. Unter ständigem Rühren – aber vorsichtig, damit die Mandeln nicht so sehr zerbrechen – aufkochen lassen. Diese Masse auf den vorgebackenen Kuchen streichen. Noch weitere 20 Minuten bei 200 Grad (Elektro) oder Stufe 3 (Gas) backen. Den Kuchen noch 5 Minuten im ausgeschalteten Backofen ruhen lassen. Herausnehmen und in der Form abkühlen lassen. Dann aus der Form nehmen und auf einem Kuchengitter völlig auskühlen lassen. Den Kuchen mit einem scharfen Messer in 12 Stücke teilen.

TIP
Man kann den Kuchen in der Mitte auch halbieren und ihn mit einer glattgerührten Schokoladen-Nuß-Creme füllen.

Frisch und saftig

Von A (Apfeltorte) bis Z (Zwetschgenkuchen)

Birnenkuchen gedeckt

Für den Teig:
150 g Butter oder Margarine
150 g Zucker
3 Eier, 300 g Mehl
3 TL Backpulver
⅛ l Milch
1 gehäufter EL Kakao
4 gehäufte EL Blütenzarte Köllnflocken
1 EL Rum, etwas Zimt
1 Messerspitze geriebene Muskatnuß
100 g zerbröckelte Schokolade
Fett für die Form
Für die Füllung:
1000 g reife Birnen
⅛ l Wasser
Saft einer Zitrone
1 Stange Zimt
etwas Zucker
Für den Guß:
100 g Puderzucker
2 EL Rum

Die Birnen schälen, halbieren, das Kerngehäuse herausschneiden. Wasser, Zitronensaft und Gewürze mischen und die Birnen darin kurz dünsten.
Für den Teig Butter in einer Schüssel mit dem Rührbesen des Handrührgerätes schaumig schlagen. Zucker einrieseln lassen, Eier zufügen. Mehl und Backpulver unterrühren. Milch, Kakao und Köllnflocken, Rum, Zimt, Muskatnuß und Schokolade zu einem festen Teig verrühren.
Eine Springform (26 cm Durchmesser) etwas einfetten, ⅔ des Teiges einfüllen. Die abgetropften Birnen mit der Schnittfläche nach unten auf den Teig legen. Dann den restlichen Teig darübergeben, glattstreichen. Den Kuchen in den vorgeheizten Backofen (untere Schiebeleiste) stellen und bei 200 Grad (Elektro) oder Stufe 3 (Gas) 60 Minuten backen. Den Kuchen abkühlen lassen, aus der Form lösen und zum völligen Abkühlen auf ein Kuchengitter setzen.
Für den Guß Puderzucker und Rum glattrühren und über den Kuchen verteilen.

Ulmer Birnentorte

Für den Teig:
125 g Mehl, 125 g Speisestärke
75 g Zucker, 1 Prise Salz
2 Eier
abgeriebene Schale einer Zitrone
125 g Butter oder Margarine
Mehl zum Ausrollen
2 EL Semmelbrösel
Für die Füllung:
1200 g reife Birnen, Zitronensaft
Wasser
Außerdem:
1 Ei, Mark einer Vanilleschote
2 Becher Crème fraîche
2 EL Zucker, Salz
1 Messerspitze Zimt
50 g gehackte Mandeln

Aus den Zutaten einen Mürbeteig bereiten und zugedeckt 30 Minuten kühl stellen.
Inzwischen Birnen schälen, achteln, das Kerngehäuse herausschneiden, in Zitronenwasser legen. Die Arbeitsfläche mit Mehl bestäuben. ⅔ des Teiges zu einer Platte von 26 cm Durchmesser ausrollen. Auf den Boden einer Springform legen. Aus dem restlichen Teig einen Streifen ausrollen und diesen innen an den Rand der Form legen. Unten festdrücken. Den Boden mit Semmelbröseln bestreuen. Die Birnenstücke auf ein Küchentuch legen, trockentupfen und auf dem Teigboden kreisförmig verteilen. Kleinere Stücke in die Zwischenräume legen, damit alles ausgelegt ist. Die Torte in den vorgeheizten Backofen (untere Schiebeleiste) stellen. Bei 220 Grad (Elektro) oder Stufe 4 (Gas) 20 Minuten vorbacken. Dann die Eier, Crème fraîche, Salz, Zucker und Zimt und die Mandeln verrühren. Diesen Guß über die Birnen geben. Die Torte vorsichtig wieder in den Ofen schieben und bei 220 Grad (Elektro) oder Stufe 4 (Gas) weitere 45–50 Minuten backen. In der Form auskühlen lassen und etwa 2 Stunden stehen lassen, bevor sie angeschnitten wird.

Kirschtorte Markgräfler Art

Für den Teig:
125 g Butter oder Margarine
175 g Zucker
1 Päckchen Vanillinzucker
3 Eier, 150 g Mondamin, 75 g Mehl
½ gestrichener TL Backpulver
Für den Belag:
4 EL Mondamin, 2 Eigelb
¼ l Milch, 3 EL Zucker
1 Päckchen Vanillinzucker
abgeriebene Schale einer Zitrone
250 g Magerquark, 2 Eiweiß
1 Glas entsteinte Sauerkirschen (480 g)
Für die Streusel:
30 g Butter oder Margarine
3 EL Mondamin
3 gestrichene EL Mehl, 3 EL Zucker
50 g gemahlene Mandeln
1 Messerspitze Zimt

Das Fett in die Schüssel geben, Zucker, Vanillinzucker, Eier, Mondamin, Mehl und Backpulver daraufgeben und alles mit dem Rührbesen des Handrührgerätes 2 Minuten bei höchster Stufe gut verrühren. Springformboden (26 cm Durchmesser) einfetten, den Teig einfüllen und in den vorgeheizten Backofen (untere Schiebeleiste) stellen. Bei 200 Grad (Elektro) oder Stufe 3 (Gas) 20 Minuten backen. Für den Belag Mondamin und Eigelb in kalter Milch anrühren. Die restliche Milch, Zucker, Vanillinzucker und Zitronenschale aufkochen. Das angerührte Mondamin unter Rühren zugeben, kurz aufkochen lassen. Dann Quark und steifgeschlagenes Eiweiß unterheben. Die Kirschen abtropfen lassen und auf dem vorgebakkenen Boden verteilen.
Für die Streusel Fett, Mondamin, Mehl, Zucker, Mandeln und Zimt verkneten, bis sich Streusel bilden. Die Streusel darübergeben. Die Torte wieder in den Ofen stellen (untere Schiebeleiste) und bei 200 Grad (Elektro) oder Stufe 3 (Gas) etwa 40–50 Minuten backen.

Aprikosentorte versunken

1 Paket Backmischung Sandkuchen
200 g Butter oder Margarine
3 große Eier
1 große Dose Aprikosen (480 g)
Margarine für die Form

Backmischung, Butter oder Margarine und die Eier in eine Schüssel geben. Mit dem Rührbesen des elektrischen Handrührgerätes kurz verrühren. Dann bei höchster Schaltstufe 3–4 Minuten cremig rühren.
Die Springform (26 cm Durchmesser) einfetten und den Teig hineingeben. Obenauf glattstreichen. Mit den abgetropften Aprikosen, mit der Wölbung nach oben, belegen. Die Form in den vorgeheizten Backofen (untere Schiebeleiste) stellen und dann bei 175 Grad (Elektro) oder Stufe 2 (Gas) 70–80 Minuten backen.
Dann herausnehmen, kurz abkühlen lassen. Obenauf mit Puderzucker bestäuben und mit Schlagsahne servieren.

TIP
Statt der Aprikosen können natürlich auch Äpfel (beispielsweise die Sorten Cox Orange, Golden Delicius, Goldparmäne) verwendet werden. Auch Birnen lassen sich für einen versunkenen Kuchen gut verbacken.
Wenn es ganz schnell gehen soll, nimmt man am besten die Früchte aus dem Glas. Äpfel sollten vorher in wenig Flüssigkeit, etwas Zitronensaft, einer kleinen Stange Zimt und eventuell einigen Nelken zugedeckt gedünstet werden. Statt Zitronensaft kann auch Weißwein genommen werden.

Schwäbische Apfeltorte

Für den Teig:
125 g Butter oder Margarine
abgeriebene Schale einer halben Zitrone
125 g Zucker
2 Eier
50 g Mondamin
125 g Mehl
1 gestrichener TL Backpulver
Für den Belag:
1 Beutel gehobelte Mandeln
500 g Äpfel (Cox Orange, Golden Delicius, Goldparmäne)
Für den Biskuitguß:
2 Eiweiß
1 EL kaltes Wasser
100 g Zucker
2 Eigelb
40 g Mondamin
40 g Mehl
½ gestrichener TL Backpulver
½ gestrichener TL Zimt
Zum Bestreuen:
Hagelzucker

Fett in eine Schüssel geben. Zitronenschale, Zucker, Eier, Mondamin, Mehl und Backpulver daraufgeben und alles mit einem Rührbesen des Handrührgerätes auf höchster Stufe etwa 2 Minuten verrühren.
Eine Springform (26 cm Durchmesser) nur am Boden einfetten. Den Teig einfüllen und mit Mandeln bestreuen. Die Äpfel schälen, vierteln, das Kerngehäuse herausschneiden und die Apfelstücke kreisförmig auf den Mandeln verteilen.
Für den Biskuitguß Eiweiß und Wasser in einer Schüssel mit dem Rührbesen des elektrischen Handrührgerätes auf höchster Stufe sehr steif schlagen. Zukker unter Rühren einrieseln lassen. Eigelb leicht unter die Eiweißmasse heben. Darüber das Gemisch aus Mondamin, Mehl, Backpulver und Zimt ziehen. Den Biskuitguß auf die Äpfel geben und verstreichen.
In den vorgeheizten Backofen (untere Schiebeleiste) stellen und bei 200 Grad (Elektro) oder Stufe 3 (Gas) 65–75 Minuten backen.
Nach dem Backen die Torte kurz auskühlen lassen, dann aus der Form lösen. Auf einem Kuchengitter auskühlen lassen. Zum Schluß mit Hagelzucker bestreuen.

Apfelkuchen französisch

Für den Teig:
200 g Mehl
125 g Butter
20 g Zucker
4 EL Wasser
Für den Belag:
250 g Apfelmus
1 Päckchen Vanillinzucker
3 Äpfel
3 EL Aprikosenmarmelade

Mehl auf ein Backbrett geben. In die Mitte eine Mulde drücken. Butter in Flöckchen auf dem Rand verteilen. Zukker und Wasser in die Mulde geben. Alles zu einem Mürbeteig verkneten. 60 Minuten kühl stellen. Dann ⅔ des Teiges zu einer runden Platte (24–26 cm Durchmesser) ausrollen und in die Form legen. Einen etwa 2 cm breiten Streifen ausrollen und als Rand in der Form andrücken.
Das kalte Apfelmus mit dem Vanillinzucker mischen, auf den Teig geben und obenauf glattstreichen. Äpfel schälen, vierteln, Kerngehäuse entfernen. Die Apfelstücke in sehr dünne Scheibchen schneiden. Damit das Apfelmus im Kreise schuppenförmig belegen. Die Springform in den vorgeheizten Backofen, untere Schiebeleiste, stellen. Bei 200 Grad (Elektro) oder Stufe 3 (Gas) etwa 25–30 Minuten backen. Aprikosenmarmelade eventuell mit etwas Wasser verrühren. Mit einem Pinsel auf die Apfelstücke streichen, sobald der Kuchen aus dem Ofen kommt.

TIP
Dieser Kuchen kann warm als Dessert mit einer feinen Vanillesauce oder kalt zum Kaffee oder Tee mit geschlagener Sahne oder Crème fraîche serviert werden. Da dieser Kuchen im Handumdrehen aufgegessen ist, weil er so gut schmeckt, sollten Sie lieber gleich zwei Stück backen.

Garnierter Apfelkuchen

Für den Teig:
300 g Mehl, 80 g Zucker
150 g Margarine
1 Ei, 1 Prise Salz
abgeriebene Schale einer Zitrone
Für den Belag:
1000 g Äpfel
1 Beutel Rum-back
100 g gehackte Haselnüsse, 1 Eigelb
50 g Zucker zum Bestreuen

Für den Teig Mehl auf die Arbeitsfläche geben. In die Mitte eine Vertiefung drücken. Zucker, abgeriebene Zitronenschale, Ei und Salz hineingeben. Fett auf dem Rand in kleine Flöckchen verteilen. Mit kalten Händen schnell zu einem Mürbeteig kneten. 30 Minuten zugedeckt kühl stellen.
Für den Belag die Äpfel schälen, achteln und das Kerngehäuse entfernen. In einer Schüssel Rum-back mischen. ⅔ des Teiges zu einer Platte (24–26 cm Durchmesser) ausrollen und damit eine Springform auslegen. Den Rand leicht hochziehen. Die abgetropften Äpfel auf dem Teig kreisförmig verteilen. Die Haselnüsse darüberstreuen. Vom restlichen Teig Streifen ausradeln und diese gitterförmig auf den Kuchen legen. Eigelb verquirlen und die Teigstreifen damit bestreichen. Alles mit Zucker bestreuen. In den vorgeheizten Backofen (untere Schiebeleiste) stellen. Bei 200 Grad (Elektro) oder Stufe 3 (Gas) etwa 40 Minuten backen.
Den Kuchen aus dem Ofen nehmen, etwas abkühlen lassen, dann aus der Form nehmen und auf einem Kuchengitter völlig auskühlen lassen.

TIP
Statt der Äpfel kann man selbstverständlich auch Birnen nehmen. Aber auch Aprikosen oder auch frische Pfirsiche sind für diesen Kuchen sehr gut geeignet.

Apfelkuchen »Tante Erna«

Für den Teig:
150 g Mehl
½ gestrichener TL Backpulver
50 g Zucker
100 g Butter oder Margarine
1 Eigelb, 1 Prise Salz
Für den Belag:
750 g Äpfel
Saft einer Zitrone, Wasser
2 EL Rum-Rosinen
1 Beutel Citro-back
1 Beutel Mandelstifte
Für den Rahmguß:
1 Ei, 40 g Zucker
knapp ⅛ l saure Sahne, 1 Eiweiß

Mehl und Backpulver in eine Schüssel geben. Zucker, Fett, Eigelb und Salz zufügen. Alles mit dem Knethaken des Handrührgerätes verkneten. Teig zu einer Kugel formen. Zugedeckt 60 Minuten kühl stellen. Äpfel schälen, achteln und das Kerngehäuse entfernen. In eine Schüssel mit Zitronenwasser geben. ⅔ des Teiges zwischen zwei Blatt Pergamentpapier ausrollen. Eine Springform (26 cm Durchmesser) mit dem Teig auslegen. Aus dem restlichen Teig eine Rolle formen und sie an den Rand setzten, dann mit den Fingern hochziehen. Den Boden mit einer Gabel mehrmals einstechen. Die Apfelstücke abtropfen. Jedes Stück mit einer Gabel auf der runden Seite einritzen. Die Apfelstücke dicht nebeneinander auf den Teigboden legen. Die Rum-Rosinen, Citro-back und Mandeln darüber verteilen. Den Kuchen in den vorgeheizten Backofen (untere Schiebeleiste) stellen. Bei 200 Grad (Elektro) oder Stufe 3 (Gas) 25 Minuten backen. Ei, Zucker, Sahne und geschlagenes Eiweiß mischen. Auf dem Kuchen verteilen. Noch 20 Minuten backen. Dann aus dem Ofen nehmen und in der Form auskühlen lassen.

Apfelkuchen auf der Platte

Für den Teig:
200 g Margarine (Sanella)
200 g Zucker, 3 Eier
1 Prise Salz
abgeriebene Schale und Saft einer Zitrone
375 g Mehl
4 gestrichene TL Backpulver
Margarine zum Einfetten
Für den Belag:
1250 g Äpfel
60 g Korinthen
50 g Margarine
Hagelzucker zum Bestreuen

Margarine in eine Schüssel geben und schaumig rühren. Zucker, Eier zufügen und so lange rühren, bis sich der Zucker aufgelöst hat. Salz und Zitronenschale zugeben. Mehl und Backpulver mischen, darüber geben und alles verrühren. Ein Backblech mit Margarine einfetten. Den Teig darauf verstreichen. Die Äpfel schälen, achteln und das Kerngehäuse entfernen. Die Äpfel in Spalten schneiden und schräg in den Teig stecken. Zitronensaft darüber träufeln. Die Korinthen obenauf streuen. Den Kuchen in den vorgeheizten Backofen (mittlere Schiebeleiste) stellen. Bei 200 Grad (Elektro) oder Stufe 3 (Gas) etwa 30 Minuten backen. Das Fett in einem Töpfchen leicht bräunen und den fertigen Apfelkuchen damit begießen. Hagelzucker darauf streuen.

TIP
Auch dieser Kuchen kann sehr gut eingefroren werden. Dazu die Platte in rechteckige Stücke oder auch nur zur Hälfte durchschneiden, je nachdem, wieviel Platz man in der Gefriertruhe hat. Die Stücke einzeln in Alufolie pakken und einfrieren. Vor dem Servieren unaufgetaut in den vorgeheizten Backofen schieben und etwa 5–10 Minuten bei 200 Grad oder Stufe 3 backen.

Apfelkuchen glasiert

Für den Teig:
300 g Mehl
1 TL Backpulver
1 Prise Salz
125 g Butter oder Margarine
1 Ei, 150 g Zucker
Für den Belag:
400 g Frischkäse
1 Eigelb
2 EL Mehl
1 Glas Aprikosenmarmelade (450 g)
1 Beutel Rum-back
5–6 Äpfel
Saft einer Zitrone
2 EL Wasser, 1 EL Mandelstifte
1 EL Rum-Rosinen

Alle Zutaten für den Teig in eine Schüssel geben. Mit dem Knethaken des Handrührgerätes alles mischen. Zu einem Kloß formen und 30 Minuten kühl stellen. Den Teig zwischen zwei Stück Pergamentpapier ausrollen. Eine Springform (26 cm Durchmesser) leicht einfetten. Den Teig darauf legen und mit den Fingern leicht zu einem Tortenboden andrücken. Mit der Gabel mehrere Male einstechen. Die Form im vorgeheizten Backofen (untere Schiebeleiste) bei 200 Grad (Elektro) oder Stufe 3 (Gas) etwa 10 Minuten backen. Aus dem Ofen nehmen, Tortenboden völlig abkühlen lassen.
Für den Belag Frischkäse, Eigelb, Mehl, 1 Eßlöffel Marmelade und 1 Beutel Rumback in einer Schüssel glattrühren und auf den Tortenboden streichen. Die Äpfel schälen, halbieren und das Kerngehäuse entfernen. Apfelstücke grob reiben. Zitronensaft unterrühren. Die Apfelmasse auf dem Belag verteilen. Die restliche Aprikosenmarmelade und Rum-back in einen Topf geben und bei kleiner Hitze unter Rühren auflösen. Mandelstifte und Rum-Rosinen unterrühren. Die Glasur etwas abkühlen lassen und eßlöffelweise über die Äpfel geben. Etwas abkühlen, dann die Torte im Kühlschrank fest werden lassen.

Güstrower Apfelkuchen

Für den Teig:
200 g Mehl (Goldpuder)
1 Ei
50 g Zucker
1 Päckchen Vanillinzucker
100 g Butter oder Margarine
Für den Belag:
750 g geschälte, gedünstete und kleingeschnittene Äpfel
Für den Guß:
2 Eier
100 g Zucker
¼ l saure Sahne
3 EL Mondamin

Mehl auf die Arbeitsfläche geben. In die Mitte eine Mulde drücken. Das Ei hineingeben und mit Mehl verrühren. Zukker und Vanillinzucker darüber geben und das Fett in Flöckchen auf dem Rand verteilen. Alles mit einem langen Messer durchhacken, dann zu einer Kugel formen und den Teig kalt stellen.
Mit ⅔ des Teiges den Boden einer ungefetteten Springform (26 cm Durchmesser) auslegen und den Teigboden mehrere Male einstechen. Aus dem restlichen Teig eine Rolle formen, an den Springformrand geben, mit einer Gabel festdrücken.
Die Springform in den vorgeheizten Backofen, untere Schiebeleiste, stellen und bei 200 Grad (Elektro) oder Stufe 3 (Gas) 10 Minuten backen. Dann aus dem Ofen nehmen und die gut abgetropften Äpfel auf den Tortenboden legen.
Für den Guß Eier und Zucker in einen Topf geben und schaumig rühren. Sahne und Mondamin zufügen. Einmal aufkochen lassen. Den Guß auf dem Belag verteilen. Die Torte nochmals in den Backofen schieben und bei 200 Grad (Elektro) oder Stufe 3 (Gas) etwa 30 Minuten backen.

Apfelkuchen holsteinisch

Für die Füllung:
500 g Äpfel
Saft einer halben Zitrone
40 g Butter
75 g gehackte Mandeln
60 g Zucker
Für den Teig:
150 g Butter oder Margarine
125 g Zucker
2 Päckchen Vanillinzucker
3 Eier
125 g Blütenzarte Köllnflocken
50 g Mehl
1 gehäufter TL Backpulver
1 Päckchen Citro-back oder abgeriebene Schale einer Zitrone
1 Prise Salz.
Außerdem:
3 EL Kernige Köllnflocken

Äpfel schälen, vierteln, das Kerngehäuse herausschneiden. Mit Zitronensaft in einem Topf dünsten. Abkühlen lassen. Mit Butter, Mandeln und Zucker mischen.
Für den Teig Butter oder Margarine in einer Schüssel schaumig schlagen. Zukker, Vanillinzucker und Eier unterrühren. Blütenzarte Köllnflocken, Mehl, Backpulver, Citro-back und Salz einrühren.
Eine Springform (26 cm Durchmesser) einfetten und mit ⅔ des Teiges füllen. Darüber Kernige Köllnflocken streuen. Die abgetropften Äpfel darüber geben und den Rest des Teiges obenauf gleichmäßig streichen. In den vorgeheizten Backofen (untere Schiebleiste) stellen und bei 190 Grad (Elektro) oder Stufe 2–3 (Gas) etwa 60 Minuten backen.

TIP
Wer mag, kann zusätzlich mit den Kernigen Köllnflocken gehackte Mandeln, etwa 100 g, auf den Teig streuen. Oder man mischt die Äpfel mit Mandelblättchen und Sultaninen.

Rhabarberkuchen vom Blech

Für den Teig:
125 g Butter oder Margarine
125 g Zucker
1 Päckchen Vanillinzucker
2 Eier, 50 g Mondamin, 175 g Mehl
1 gestrichener TL Backpulver
Fett für das Blech
Für den Belag:
1000 g Rhabarber, 200 g Zucker
Für die Streusel:
180 g Butter oder Margarine
180 g Mondamin
180 g Mehl
180 g Zucker

Das weiche Fett in eine Schüssel geben. Zucker, Vanillinzucker, Eier, Mondamin, Mehl und Backpulver daraufgeben und alles mit dem Rührbesen des Handrührgerätes etwa 2 Minuten auf höchster Stufe gut verrühren. Den Teig auf ein gefettetes Backblech streichen und im vorgeheizten Backofen (mittlere Schiebeleiste) bei 175 Grad (Elektro) oder Stufe 2 (Gas) etwa 15–20 Minuten vorbacken.
Für den Belag Rhabarber in kleine Stükke schneiden, auf dem Kuchen verteilen und mit Zucker bestreuen.
Für die Streusel Fett, Mondamin, Mehl und Zucker locker verkneten. Die Streusel auf dem Rhabarberbelag verteilen. Das Blech in den vorgeheizten Backofen (mittlere Schiebeleiste) schieben. Bei 175 Grad (Elektro) oder Stufe 2 (Gas) etwa 20 Minuten fertig backen.

Rhabarberkuchen mit Grießguß

Für den Teig:
125 g Butter oder Margarine
1 Beutel Citro-back
125 g Zucker, 2 Eier
50 g Mondamin, 125 g Mehl
1 gestrichener TL Backpulver
Fett für die Form
Für den Guß:
¼ l Milch, 1 Prise Salz
1 Päckchen Vanillinzucker
2–3 EL Zucker
2–3 EL Grieß, 1–2 Eigelb
4 EL Sahne, 1–2 Eiweiß
Außerdem:
375 g Rhabarber
60 g Zucker

Das weiche Fett und alle Zutaten für den Teig mit dem Rührbesen des Handrührgerätes auf höchster Stufe etwa 2 Minuten verrühren. Den Teig in eine gefettete Springform (26 cm Durchmesser) geben und glattstreichen. In den vorgeheizten Backofen stellen (untere Schiebeleiste) und bei 200 Grad (Elektro) oder Stufe 3 (Gas) etwa 40 Minuten backen.
Für den Guß Milch, Salz, Vanillinzukker und Zucker in einem Topf aufkochen lassen. Den Grieß einstreuen und ausquellen lassen. Eigelb und Sahne verrühren und unter den Grieß heben. Eiweiß steif schlagen und ebenfalls unter die Grießmasse heben. Den Rhabarber unter kaltem Wasser abspülen, abtropfen und in kleine Stücke schneiden. In eine Schüssel geben und mit Zucker bestreuen. Etwa 20 Minuten zugedeckt ziehen lassen. Zwischendurch vorsichtig umrühren. Dann den Rhabarber auf dem vorgebackenen Kuchen verteilen. Noch etwas Zucker darüber streuen.
Den Guß auf dem Rhabarber verteilen. Im vorgeheizten Backofen bei 200 Grad (Elektro) oder Stufe 3 (Gas) weitere 40 Minuten abbacken.

Apfel-Quarkkuchen

Für den Teig:
125 g Butter oder Margarine
1 Päckchen Vanillinzucker
125 g Zucker, 2 Eier
50 g Mondamin, 125 g Mehl
1 gestrichener TL Backpulver
Fett für die Form
Für den Belag:
1000 g Äpfel, Wasser, Zitronensaft
150 g Butter oder Margarine
200 g Zucker
2 Päckchen Vanillinzucker
2 Eier, 750 g Magerquark
125 g Mondamin
2 gestrichene TL Backpulver
Für die Streusel:
180 g Butter oder Margarine
180 g Mondamin, 180 g Mehl
180 g Zucker, wenig Zimt

Das weiche Fett in eine Schüssel geben. Vanillinzucker, Zucker, Eier, Mondamin, Mehl und Backpulver daraufgeben. Alles mit dem Rührbesen des Handrührgerätes auf höchster Stufe 2 Minuten gut verrühren. Den Teig auf ein gut gefettetes Backblech streichen und in den vorgeheizten Backofen (mittlere Leiste) schieben. Bei 175 Grad (Elektro) oder Stufe 2 (Gas) etwa 10 Minuten backen. Für den Belag die Äpfel schälen, vierteln und in Scheiben schneiden. In mit Zitronensaft vermischtes Wasser legen, damit die Äpfel nicht braun werden.
Für die Quarkmasse weiches Fett, Zukker, Vanillinzucker, Eier, Quark, Mondamin und Backpulver in einer Schüssel verrühren. Für die Streusel Fett, Mondamin, Mehl, Zucker und Zimt verkneten, bis sich Streusel bilden.
Die Äpfel abtropfen lassen und kreisförmig auf den Tortenboden legen. Darauf die Quarkmasse streichen und die Streusel darüber verteilen. Den Kuchen in den vorgeheizten Backofen (untere Schiebeleiste) schieben und bei 175 Grad (Elektro) oder Stufe 2 (Gas) etwa 45 Minuten fertig backen.

Zwetschgenkuchen vom Blech

Für den Teig:
500 g Mehl, 40 g Hefe
100 g Zucker
⅛ l lauwarme Milch
80 g Butter oder Margarine
abgeriebene Schale einer Zitrone
1 Prise Salz
2 Eier
Für den Belag:
2000 g Zwetschgen, Zucker

Mehl in eine große Schüssel geben. In die Mitte eine Mulde drücken. Dahinein die Hefe bröckeln. Etwas Zucker darüber streuen. Restlichen Zucker auf den Mehlrand geben. Etwas lauwarme Milch auf die Hefe gießen und vorsichtig zu einem Brei verrühren. Das Fett auf dem Mehlrand verteilen, Gewürze darüber geben. Die Zutaten mit dem Knethaken des Handrührgerätes durcharbeiten. Eier und Milch zugeben und unterkneten. Den Teig so lange kneten, bis er ganz geschmeidig und glänzend ist, dann zu einer Kugel formen. Etwas Mehl darüber streuen und noch einmal zugedeckt etwa 20 Minuten gehen lassen. Mit bemehlten Händen durchkneten. Auf einem leicht gefetteten Backblech dünn ausrollen.
Für den Belag die Zwetschgen vorbereiten, an den Spitzen etwas einschneiden und mit der Schnittfläche nach oben dicht nebeneinander schuppenartig auf den Teig legen. Etwas andrücken.
In den vorgeheizten Backofen schieben (mittlere Schiene) und bei 220 Grad (Elektro) oder Stufe 4 (Gas) etwa 25–30 Minuten backen. Mit Zucker bestreuen.

Pflaumenkuchen Berliner Art

Für den Teig:
150 g Butter oder Margarine
150 g Zucker
3 Eier
200 g Mehl
75 g Speisestärke
1 Messerspitze Zimt
1 TL Backpulver
Butter oder Margarine zum Einfetten der Form
2 EL Semmelbrösel
Für den Belag:
750 g Pflaumen
Hagelzucker zum Bestreuen

Butter oder Margarine in einer Schüssel schaumig schlagen. Zucker, Eier zugeben. Mehl und Speisestärke, Zimt und Backpulver untermischen. Eine Springform (26 cm Durchmesser) einfetten und den Teig hineinfüllen. Glattstreichen und obenauf mit Semmelbrösel bestreuen.
Die Pflaumen abspülen und entsteinen, an den Spitzen einritzen und mit der Schnittfläche nach oben kreisförmig auf dem Teig verteilen. Die Form in den vorgeheizten Backofen schieben (untere Schiebeleiste) und bei 200 Grad (Elektro) oder Stufe 3 (Gas) etwa 20–25 Minuten backen. Den Kuchen aus dem Ofen nehmen und sofort mit Hagelzucker bestreuen.

TIP
Die Pflaumen auf jeden Fall an den Spitzen einschneiden, da sie sich sonst im Backofen in der Wärme krümmen.
Und noch etwas: Da die Saison für Pflaumen recht kurz ist, sollten von diesem köstlichen Kuchen eventuell gleich mehrere gebacken und eingefroren werden. Zum Auftauen den Kuchen in den vorgeheizten Ofen stellen und etwa 10 Minuten auftauen lassen.

Träublestorte

Für den Teig:
250 g Mehl
125 g Butter oder Margarine
abgeriebene Schale einer Zitrone
1 Prise Salz, 1 Ei, 125 g Zucker
Butter für die Form, Mehl zum Ausrollen
Für den Belag:
800–1000 g rote Johannisbeeren
150 g Zucker
1 Obstkuchen-Oblate (26 cm Durchmesser)
Außerdem:
3 Eiweiß, 150 g Zucker
1 TL Zitronensaft

Mehl auf eine Arbeitsfläche geben. In die Mitte eine Mulde drücken. Auf dem Rand Butter oder Margarine in Flöckchen legen. Abgeriebene Zitronenschale, Salz, Ei und Zucker in die Mitte geben. Teig kneten. Kühl stellen.
Inzwischen die Johannisbeeren abspülen und die Beeren von den Stielen zupfen. Mit Zucker bestreuen. Zugedeckt in einer Schüssel ziehen lassen und zwischendurch wenden.
Den Teig in eine gefettete Springform (26 cm Durchmesser) geben. Den Rand hochziehen. Den Teig mehrfach mit einer Gabel einstechen. In den vorgeheizten Backofen (mittlere Schiene) stellen. Bei 180 Grad (Elektro) oder Stufe 2 (Gas) etwa 25–30 Minuten backen. Den Tortenboden abkühlen lassen. Die Johannisbeeren auf ein Sieb geben und abtropfen lassen. Den Saft auffangen und damit die Oberfläche der Oblate beträufeln. Die Oblate auf den Tortenboden legen. Darauf die Johannisbeeren verteilen. Eiweiß und Zucker und Zitronensaft steif schlagen. In einen Spritzbeutel füllen und die Früchte damit gitterartig garnieren. Den Kuchen in den vorgeheizten Backofen stellen (untere Schiebeleiste) und bei 220 Grad (Elektro) oder Stufe 4 (Gas) etwa 10–15 Minuten backen. Die Baisermasse soll hellgelb sein.

Bunte Obsttorte

Für den Teig:
200 g Butter oder Margarine
100 g Zucker
3 Eigelb
1 Prise Salz
80 g gemahlene Mandeln
280 g Mehl
Butter oder Margarine zum Einfetten
Für den Belag:
1000 g Früchte
(Kirschen, Bananen, Erdbeeren, Pfirsiche, Weintrauben, Himbeeren und Kiwis)
Saft einer Zitrone
2 EL Puderzucker
2 Gläser (je 2 cl) Orangenlikör
1 Päckchen klarer Tortenguß
1 Beutel gehobelte Mandeln

Fett, Zucker, Eigelb, Salz, Mandeln und Mehl verrühren. Den Teig zu einer Kugel kneten und 30 Minuten kühl stellen. Auf einer bemehlten Arbeitsfläche ausrollen. Eine Springform (26 cm Durchmesser) mit dem Teig auslegen, dabei einen 2 cm hohen Rand formen. Den Teig mit einer Gabel mehrmals einstechen. Im vorgeheizten Backofen auf die mittlere Schiebeleiste stellen. Bei 180 Grad (Elektro) oder Stufe 2 (Gas) etwa 25–30 Minuten backen.
In der Zwischenzeit Kirschen, Pfirsiche und Reineclauden abtropfen lassen. Bananen schälen, in Scheiben schneiden, Erdbeeren abspülen, entstielen und eventuell halbieren. Dann die Früchte alle separat mit Puderzucker bestäuben und mit Orangenlikör beträufeln. Zugedeckt 20 Minuten durchziehen lassen. Die Früchte gut abtropfen lassen (Saft auffangen!) und auf dem ausgekühlten Boden bunt verteilen. Den Saft mit Wasser oder Fruchtsaft zu ¼ l auffüllen, dann aufkochen und mit dem nach Packungsaufschrift angerührtem Tortenguß binden. Eßlöffelweise auf die Früchte verteilen. Die Mandelblätter in einer Pfanne goldgelb werden lassen. Den Tortenrand damit garnieren.

Erdbeerkuchen »Sommertraum«

Für den Teig:
1 Paket Backmischung Obstkuchenteig
125 g Margarine (Sanella), 2 Eier
4 EL Wasser, Margarine für die Form
Für den Belag:
250 g Magerquark, 125 g Zucker
1 Päckchen Vanillinzucker
abgeriebene Schale einer Zitrone
3 EL Zitronensaft
3 Blatt weiße Gelatine, ⅛ l Sahne
Für den Belag:
1000 g Erdbeeren, ⅛ l Apfelsaft
2 EL Zitronensaft, 30 g Zucker
⅛ l Rotwein
1 Päckchen roter Tortenguß
Für die Garnierung:
⅛ l Sahne
je ½ Päckchen Sahnesteif und Vanillinzucker

Backmischung, Margarine, Eier, Wasser in eine Schüssel geben, verrühren, dann mit dem Schneebesen des Handrührgerätes auf höchster Stufe 3–4 Minuten cremig rühren. Eine eckige Kuchenform einfetten und den Teig einfüllen. Im vorgeheizten Backofen (untere Schiebeleiste) bei 175 Grad (Elektro) oder Stufe 2–3 (Gas) etwa 20–25 Minuten backen. Für den Belag den Quark, Zucker, Vanillinzucker, die Zitronenschale und den Zitronensaft verrühren. Die aufgelöste Gelatine unter den Quark rühren. Die Masse kalt stellen. ⅛ l steif geschlagene Sahne unter die halbsteife Quarkmasse heben. Die Quark-Sahnemasse auf den abgekühlten Teig-Boden geben. Die Erdbeeren abspülen, entstielen, große Erdbeeren gleichmäßig anordnen. Apfelsaft, Zitronensaft, Zucker und Rotwein verrühren. Alles in einem Topf aufkochen. Von der Kochstelle nehmen und unter Rühren etwa 1 Minute abkühlen lassen. Den Tortenguß über die Erdbeeren geben. Sahne, Sahnesteif und Vanillinzucker schlagen und die abgekühlte Torte damit garnieren.

Stachelbeerkuchen mit Baiserguß

Für den Teig:
200 g weiche Butter oder Margarine
250 g Zucker
abgeriebene Schale einer Zitrone
2 Eier, 3 Eigelb
100 g Mondamin
300 g Mehl (Goldpuder)
3 gestrichene TL Backpulver
⅛ l Milch
Für den Belag:
750 g–1000 g grüne, vorbereitete Stachelbeeren
Für den Guß:
3 Eiweiß
150 g Zucker
2 EL Orangensaft
150 g gemahlene, süße Mandeln

Das weiche Fett in eine Schüssel geben. Zucker, Zitronenschale, Eier, Eigelb, Mondamin, Mehl, Backpulver und Milch darüber geben. Alles mit dem Rührbesen des Handrührgerätes etwa 2 Minuten auf höchster Schaltstufe gut verrühren.
Ein Backblech einfetten. Den Teig darauf streichen und die vorbereiteten Stachelbeeren darauf verteilen. Das Blech in den vorgeheizten Backofen schieben (untere Schiebeleiste) und bei 175–200 Grad (Elektro) oder Stufe 2–3 (Gas) etwa 25 Minuten vorbacken.
Für den Guß das Eiweiß steif schlagen und den Zucker einrieseln lassen. Zuletzt Orangensaft und Mandeln kurz darunterziehen. Den Guß auf dem vorgebackenen Kuchen verteilen. Dann wieder in den vorgeheizten Ofen schieben (untere Schiebeleiste) und bei 175 Grad (Elektro) oder Stufe 2–3 (Gas) etwa 20 Minuten backen.

Heidelbeerkuchen

Für den Teig:
1 Paket Backmischung Hefeteig
175 ccm Wasser
2 Eier
1 Paket Backmischung Streuselteig
100 g Margarine, 1 TL Zimt
Fett für die Form
800 g Heidelbeeren
⅛ l Sahne
1 Päckchen Vanillinzucker

Backmischung, Wasser und 1 Ei in eine Schüssel geben. Mit dem Rührbesen des Handrührgerätes auf Stufe 1 kurz verrühren, dann mit dem Knethaken des Handrührgerätes auf höchster Schaltstufe 3–4 Minuten verrühren. Den Teig zugedeckt und warmgestellt 30 Minuten gehen lassen. Für den Streuselteig 1 Ei, Margarine und Zimt vermischen.
Den Hefeteig mit leicht bemehlten Händen durchkneten. Das Backblech einfetten und den Teig etwa ½ cm dick auf ein Backblech streichen. Etwa ⅓ der Streuselmenge darüber verteilen und die verlesenen, abgespülten und gut abgetropften Heidelbeeren darüber geben. Mit den restlichen Streuseln bestreuen. Den Teig noch etwa 10 Minuten zugedeckt gehen lassen. Dann in den vorgeheizten Backofen (mittlere Schiebeleiste) setzen. Bei 200 Grad (Elektro) oder Stufe 3 (Gas) etwa 20–25 Minuten backen.
Den Kuchen abkühlen lassen und in Stücke schneiden. Zu diesem Kuchen schmeckt sehr gut geschlagene vanillierte Sahne.

TIP
Statt der Streusel kann der Kuchen auch mit saurer Sahne begossen serviert werden. Der Kuchen wird dann bei der gleichen Temperatur, etwa 15 Minuten, gebacken. Aus dem Ofen nehmen. Für den Guß saure Sahne, etwa 200 g, 2 Eigelb und 1 Päckchen Vanillinzucker verrühren und über das Obst verteilen. Noch etwa 5 Minuten backen.

Johannisbeerschnitten

Für den Teig:
200 g Butter oder Margarine
150 g Zucker
1 Päckchen Vanillinzucker
3 Eier
100 g Mondamin
300 g Mehl
3 gestrichene TL Backpulver
Fett für die Form
Für den Belag:
750 g Johannisbeeren
150 g Zucker
¼ l Sahne
1–2 EL Zucker
1 Päckchen Vanillinzucker

Das weiche Fett in eine Schüssel geben. Zucker, Vanillinzucker, Eier, Mondamin, Mehl und Backpulver darüber geben. Alles mit dem Rührbesen des Handrührgerätes auf höchster Schaltstufe 2 Minuten gut verrühren. Ein Backblech einfetten. Den Teig auf dem Backblech verteilen. Die Johannisbeeren darüber geben. Das Backblech in den vorgeheizten Backofen (mittlere Schiebeleiste) schieben. Bei 175–200 Grad (Elektro) oder Stufe 2–3 (Gas) etwa 35 Minuten backen.
Den Kuchen nach dem Backen mit Zucker bestreuen und in rechteckige Stücke schneiden. Sahne steif schlagen, Zucker und Vanillinzucker hinzufügen. Die Kuchenstücke mit der Sahne garnieren.

TIP
Wer mag, kann auch Obstkuchen mit zwei oder drei verschiedenen Sorten Obst belegen. Beispielsweise passen Johannisbeeren, Stachelbeeren und Heidelbeeren gut zusammen. Aber auch viele andere Zusammenstellungen sind möglich. Die Früchte sollten allerdings ungefähr gleich groß sein.

Süße Verführer

Große Auswahl
an kleinem Gebäck

Apfel und Birne im Versteck

Für den Teig:
2 Packungen tiefgefrorener Blätterteig (je 300 g)
Für die Füllung:
500 g Äpfel
6 kleine Birnen
1 EL Rum-Rosinen, 3 EL Zucker
1 Ei

Die Blätterteigscheiben auftauen lassen. Für die Füllung die Äpfel und Birnen schälen, das Kerngehäuse entfernen. Apfel- und Birnenstücke in dünne Spalten schneiden. Das Obst zusammen mit je ½ EL Rum-Rosinen und 1½ EL Zukker in zwei Töpfen etwa 5–8 Minuten bei kleiner Hitze schmoren lassen. Dann gut abkühlen.
Jeweils 5 aufgetaute Blätterteigscheiben auf etwa 13 × 13 cm ausrollen. Jeweils die Apfel- und Birnenkompottmasse darauf geben, die Ränder leicht mit Eiweiß bestreichen und den Teig zusammenklappen. Die Kanten gut zusammendrücken. Das Eigelb verquirlen und die Gebäckstücke damit bestreichen. Die Teigtaschen mehrmals mit einem Hölzchen einstechen.
Das Gebäck auf ein mit Wasser abgespültes Backblech setzen und noch 15 Minuten ruhen lassen. Dann in den vorgeheizten Backofen (mittlere Schiebeleiste) setzen. Bei 200 Grad (Elektro) oder Stufe 3 (Gas) etwa 20 Minuten goldgelb backen.

TIP
Auf diese Weise können auch andere Obstsorten ins Versteck geraten. So schmecken zum Beispiel in Armagnac eingeweichte Backpflaumen sehr gut. Bevor sie auf den Teig gelegt werden, sollten die Früchte gut abgetropft werden. Das trifft übrigens auch für die Äpfel und Birnen zu. Sonst tritt der Fruchtsaft zu sehr aus dem Blätterteig heraus.

Ischler Törtchen

Für den Teig:
250 g Mehl
150 g Butter oder Margarine
100 g Zucker, 1 großes Ei
1 Eigelb, 100 g gemahlene Mandeln
1 Päckchen Vanillinzucker
abgeriebene Schale einer halben Zitrone
½ EL Rum
Für die Füllung:
150 g Himbeermarmelade
Zum Bestäuben:
Puderzucker

Mehl auf die Arbeitsfläche geben. In die Mitte eine Vertiefung drücken. Butter oder Margarine in Flöckchen auf den Rand setzen. Zucker, Ei, Eigelb, Mandeln, Vanillinzucker, abgeriebene Zitronenschale und Rum in die Mitte geben. Alles zu einem glatten Teig verkneten. Zu einer Kugel formen und für 30 Minuten in den Kühlschrank legen. Auf einer bemehlten Fläche etwa messerrükkendick ausrollen. Aus einem Teil des Teiges Plätzchen im Durchmesser von etwa 6 cm ausstechen; aus dem restlichen Teig ebenfalls Plätzchen und aus der Mitte ein Plätzchen im Durchmesser von etwa 2 cm ausstechen. Die Plätzchen auf ein wenig gefettetes Backblech setzen. Im vorgeheizten Backofen (mittlere Schiebeleiste) bei 220 Grad (Elektro) oder Stufe 4 (Gas) etwa 10–12 Minuten goldgelb backen. Plätzchen ohne Loch mit verrührter Himbeermarmelade bestreichen. Plätzchenringe dick mit Puderzucker bestäuben und die Ringe auf die mit der Marmelade bestrichenen Plätzchen setzen. Das Gebäck auf einem Kuchengitter gut auskühlen lassen. Restliche Marmelade in einem Töpfchen erhitzen und je einen Klecks auf die Törtchen verteilen.

TIP
Bestreuen Sie die Törtchen mal mit Hagelzucker statt mit Puderzucker.

Hefebrezeln

Für den Teig:
1 Päckchen Dauerbackhefe
75 g Streuback
500 g Mehl
1 Päckchen Vanillinzucker
1 Prise Salz
gut ⅛ l lauwarme Milch
1 Ei
150 g Butter oder Margarine
Zum Bestreichen:
etwas Milch
Zum Bestreuen:
Hagelzucker

Die Hefe mit 1 Teelöffel Streuback und 5 Eßlöffeln lauwarmer Milch in einer Tasse verrühren und 15 Minuten ruhen lassen. Mehl, Streuback, Vanillinzucker und Salz in eine Rührschüssel geben, darauf die angesetzte Hefe, die lauwarme Milch, das Ei und das zerlassene Fett. Alle Zutaten mit dem Knethaken des elektrischen Handrührgerätes zu einem glatten Teig verkneten. Zugedeckt etwa 30 Minuten gehen lassen. Den Teig ausrollen, in lange, etwa 1 cm breite Streifen schneiden und zu Brezeln formen. Die Brezeln auf ein gefettetes Backblech legen, mit Milch bestreichen und mit Hagelzucker bestreuen. Bei 220 Grad (Elektro) auf der mittleren Schiebeleiste oder Stufe 4 (Gas) etwa 15 Minuten goldgelb backen.

TIP
Noch eine nette Geschenkidee:
Statt vieler kleiner Brezeln kann man auch eine große backen. Wenn sie fertig ausgekühlt ist, kann noch eine hübsche Schleife in die Mitte gebunden werden. (Als Dekoration in der Küche macht sich die Brezel übrigens auch ganz gut.) Diese gebackenen kleinen Brezeln können Sie auch als Sylvester-Schmuck verwenden. Jeder bekommt eine Brezel – in einige Brezeln können klitzekleine Geschenke oder ein Geldstück eingebakken werden.

Orangentütchen

2 Packungen tiefgefrorener Blätterteig (300 g)
150 g Marzipanrohmasse
40 g Zucker
50 g gemahlene Mandeln
50 g fein gewürfeltes Orangeat
½ Eiweiß, 1 EL Rum
1 Eigelb zum Bestreichen
100 g Puderzucker, 2 EL Rum
50 g Orangeat zum Garnieren

Den Blätterteig aus der Packung nehmen und die Teigscheiben nebeneinander auftauen lassen. Jede Teigplatte zu einem Quadrat von 16 × 16 cm ausrollen und diagonal halbieren.
Aus Marzipanrohmasse, Zucker, Mandeln, Orangeat, Eiweiß und Rum eine Füllung bereiten. In die Mitte jedes Teigdreiecks 1 Teelöffel der Mischung geben. Die Ränder vorsichtig mit etwas Wasser verdünntem Eigelb bestreichen. Die spitzwinkligen Ecken etwas übereinanderlappend zur rechtwinkligen Ecke zusammenlegen. Gebäckstücke mit Nahtstellen nach unten auf ein mit Wasser abgespültes Blech legen. Die Oberflächen mit verdünntem Eigelb bestreichen und 15 Minuten ruhen lassen. Backblech in die Mitte des vorgeheizten Backofens schieben und die Orangentütchen bei 220 Grad (Elektro) oder Stufe 4 (Gas) etwa 12–14 Minuten backen. Puderzucker und Rum verrühren und die Gebäckstücke damit bestreichen. Mit in feine Streifchen geschnittenem Orangeat garnieren. Ergibt 20 Stück.

TIP
Statt Orangeat kann auch Sukkade (Zitronat) verwendet werden. Zusätzlich dann noch etwas abgeriebene Zitronenschale untermischen. Zum Garnieren nehmen Sie in hauchdünne Streifen geschnittene Zitronenschale, die mit einem Spezialmesser von der Zitrone abgezogen wird. Damit erhalten Sie Zitronentütchen.

Nußschleifen

Für den Teig:
1 Packung tiefgefrorener Blätterteig (300 g)
Für die Füllung:
100 g Marzipanrohmasse
100 g gemahlene Haselnüsse
50 g Zucker
½ Eiweiß
1 EL Rum
Zum Bestreichen:
1 Eigelb
Für den Guß:
100 g Puderzucker
2 EL Rum

Blätterteig aus der Packung nehmen und die Teigplatten bei Zimmertemperatur auftauen lassen. Jede Teigplatte zu einem Rechteck von 12 × 20 cm ausrollen. Für die Füllung Marzipanrohmasse, Haselnüsse, Zucker, Eiweiß und Rum in einer Schüssel vermischen und auf die Teigplatten streichen. Die Teigplatten bis zur Hälfte zuklappen. Diese längs halbieren, so daß Rechtecke von 6 × 10 cm entstehen. Jedes Rechteck in der Mitte etwa 4 cm einschneiden und ein Ende durch diese Öffnung ziehen. Gebäckstücke auf ein mit kaltem Wasser abgespültes Backblech legen, Oberflächen mit verdünntem Eigelb bestreichen. 15 Minuten ruhen lassen. Das Backblech in die Mitte des vorgeheizten Backofens schieben. Bei 220 Grad (Elektro) oder Stufe 4 (Gas) etwa 13–15 Minuten backen.
Für den Guß Puderzucker und Rum in einer Schüssel verrühren. Die Gebäckstücke damit bestreichen.
Ergibt: 10 Stücke.

TIP
Statt mit Puderzuckerguß können die Nußschleifen auch mit einer fertig gekauften Kuchenglasur – hell oder dunkel – bestrichen werden. Dazu wird diese Glasur im Alubeutel im Wasserbad geschmolzen.

Mandelwaffeln

200 g Butter oder Margarine
75 g Zucker
1 Päckchen Vanillinzucker
4 Eier, 200 g Mehl, 1 TL Backpulver
6 EL lauwarmes Wasser
1 Beutel Citro-back
100 g gehackte Mandeln
Fett zum Bestreichen, Puderzucker

Butter oder Margarine in einer Schüssel schaumig rühren. Vanillinzucker und nach und nach die Eier zugeben. Mehl und Backpulver mischen und unterrühren. Das Wasser tropfenweise zugeben. Dann Citro-back und die Mandeln unter den Teig rühren. Den Teig etwa 20 Minuten ruhen lassen. Das Waffeleisen leicht einfetten und bei Thermostatregler 3–4 vorheizen. Den Teig auf das Eisen verteilen. 5 Waffeln abbacken. Die Waffeln in Herzen teilen und abkühlen lassen. Nacheinander die Waffeln backen, bis der Teig verbraucht ist. Die Waffeln mit Puderzucker bestäuben und sofort servieren.

Sahnewaffeln

1 Paket feine Backmischung Rührkuchenteig
125 g Butter oder Margarine
2 Eier, 50 ccm Sahne
Fett zum Bestreichen, Puderzucker

Backmischung, Butter oder Margarine Eier und Sahne in einer Schüssel verrühren. Mit dem Rührbesen des elektrischen Handrührgerätes bei höchster Stufe 3–4 Minuten cremig rühren. Das Waffeleisen leicht einfetten und bei Thermostatregler 3–4 vorheizen. Pro Waffelboden je 1½ EL Teig auf das heiße Waffeleisen geben, etwa 2 Minuten lang backen. Die Waffeln mit Puderzucker bestreuen und noch warm servieren. Ergibt 9 Waffelböden.

Nußeiswaffelherzen

Für den Teig:
60 g Butter oder Margarine
25 g Zucker
1 EL Vanillinzucker
1 Prise Salz
2 Eier
125 g Mehl
½ TL Backpulver
½–1 Tasse Buttermilch, (= 1/16–1/8 l)
Für das Waffeleisen:
Margarine oder Öl
Zum Garnieren:
1/8 l Sahne
1 EL Zucker
1 Beutel Kuchenglasur (hell oder dunkel)
Außerdem:
1 Hausbecher Nußeis
20 g gehackte Pistazien

Butter oder Margarine, Zucker, Vanillinzucker und Salz in einer Schüssel schaumig rühren. Nach und nach Eier, Mehl und Backpulver vermischt zugeben. So viel Buttermilch unterrühren, daß ein dünnflüssiger Teig entsteht.
Das Waffeleisen aufheizen, einfetten und 5 Waffeln backen. Die Waffeln in Herzen aufteilen und erkalten lassen.
Sahne und Zucker steif schlagen und in einen Spritzbeutel mit Sterntülle füllen. Kuchenglasur im Wasserbad schmelzen lassen.
Eis auf einen Teller stürzen, längs vierteln und diese Viertel in drei Scheiben schneiden. Je ein Herz mit einer Eisscheibe belegen und ein zweites Herz daraufsetzen. Mit Sahnetupfern, Kuchenglasur und Pistazien garnieren. Ergibt 10 Stück.

Blätterteiggebäck – süß

Zutaten für Marzipanschnitten:
1 Packung tiefgefrorener Blätterteig (300 g)
30 g Marzipanrohmasse, 1 Ei
Zutaten für Blätterteigräder:
1 Packung tiefgefrorener Blätterteig (300 g), 1 Eigelb
eventuell 5 Aprikosenhälften
Zutaten für Blätterteigtaschen:
1 Packung tiefgefrorener Blätterteig (300 g)
18 kandierte Kirschen, 1 Eigelb

Blätterteig auftauen lassen. Jede Teigplatte halbieren und mit Marzipanrohmasse belegen. Teigränder mit Eiweiß bestreichen und Teigplatte zusammenklappen. Das Teigstück leicht biegen und kammartig einschneiden. Obenauf mit verquirltem Eigelb bestreichen. Auf ein mit kaltem Wasser abgespültes Backblech legen und 15 Minuten ruhen lassen.
Für die Blätterteigräder die aufgetauten Teigplatten halbieren. Eines der entstandenen Quadrate in Quadrate schneiden oder kleine Kreise ausstechen, in die Mitte der großen Quadrate legen. Diese an den Ecken einschneiden und die Schnittkanten zu Windmühlenflügeln umbiegen. Man kann auch eine abgetropfte Aprikose in die Mitte unter die Teigflügel legen. Gebäck mit verquirltem Eigelb bestreichen. Auf ein mit kaltem Wasser abgespültes Backblech setzen und 15 Minuten ruhen lassen.
Für die Blätterteigtaschen die aufgetauten Teigplatten halbieren, von jedem der so entstandenen Quadrate zwei schmale Teigstreifen abschneiden. Kandierte Kirschen in die Mitte setzen, Teigstreifen kreuzweise darüberlegen. Gebäck mit Eigelb bestreichen.
Alle Gebäckstücke im vorgeheizten Backofen (mittlere Schiebeleiste) bei 200 Grad (Elektro) oder Stufe 4 (Gas) 12–15 Minuten backen.

Genueser Pastetchen

Für den Teig:
175 g Butter oder Margarine
175 g Zucker
1 Päckchen Vanillinzucker
3 Eier
150 g Speisestärke, 75 g Mehl
½ gestrichenen TL Backpulver
3 gestrichene EL Kakao
150 g gemahlene Haselnüsse
1 EL Rum
Für den Guß:
150 g Puderzucker
1–2 EL Kirschsaft
Zum Garnieren:
Belegkirschen

Für die Förmchen Alufolie in 7,5 cm breite Streifen schneiden und diese in Quadrate teilen. Jedes Quadrat über einen Flaschenboden legen, formen und die Förmchen auf ein Backblech setzen. Das weiche Fett in eine Schüssel geben, Zucker, Vanillinzucker, Eier, Speisestärke, Mehl, Backpulver, Kakao und Nüsse daraufgeben. Alles mit dem Rührbesen des elektrischen Handrührgerätes auf höchster Schaltstufe etwa 2 Minuten verrühren. Zuletzt den Rum unter den Teig mischen. Die Förmchen gut halb voll mit Teig füllen und im vorgeheizten Backofen (mittlere Schiebeleiste) bei 220 Grad (Elektro) oder Stufe 3 (Gas) etwa 15–20 Minuten backen.
Nach dem Backen die Förmchen auf einem Kuchengitter auskühlen lassen. Für den Guß Puderzucker und Kirschsaft in einer Schüssel verrühren und die Küchlein damit überziehen. Obenauf mit einer Belegkirsche garnieren.

TIP
Diese Küchlein können auch mit einem anderen Guß, eventuell Zitronenguß, Schokoladenguß oder Rumguß (nicht für Kinder) überzogen werden. Auch die Garnierung kann variieren. Für Kinder können lustige Garnierungen aus verschiedenen Geleefrüchten auf den Guß gesetzt werden.

Petits fours

Für den Teig:
4 Eiweiß, 175 g Zucker
abgeriebene Schale einer Zitrone
4 Eigelb, 75 g Mehl
100 g Speisestärke, 1½ TL Backpulver
250 g gemahlene Mandeln
1 EL Rum, 5 EL Orangensaft
Für die Glasur:
250 g Puderzucker
3–4 EL Wasser oder
3–4 EL Rum oder Fruchtsaft
evtl. Pulverkaffee oder Kakao
kandierte Früchte, Pistazien
oder Mandeln, kandierte Veilchen
Außerdem:
Aprikosen- oder Orangenmarmelade

Eiweiß und die Hälfte des Zuckers in einer Schüssel steif schlagen. Zitronenschale, Eigelb und den restlichen Zucker schaumig schlagen, bis alles weißcremig ist. Auf die Eiweißmasse geben und Mehl, Backpulver und Speisestärke darüber geben. Alles vorsichtig mischen. Mandeln, Rum und Orangensaft unterheben. Auf ein mit Backpapier ausgelegtes Backblech geben, obenauf glattstreichen. Das Blech in den vorgeheizten Backofen auf die mittlere Schiebeleiste setzen und bei 220 Grad (Elektro) oder Stufe 4 (Gas) etwa 8–10 Minuten backen. Das Blech aus dem Ofen nehmen, auf ein Brett stürzen, das Papier abziehen. Teigplatte quer durchschneiden.
Jeden Boden in drei gleichmäßige Rechtecke schneiden, so daß man 6 Böden erhält. Fünf dieser Böden dünn mit verrührter Marmelade bestreichen. Alle Böden übereinandersetzen. Zwischen zwei mit Backpapier belegte Bretter legen und über Nacht ruhen lassen. Dann Bretter und Papier entfernen und aus dem Teig kleine Petits fours schneiden. Man kann sie quadratisch, dreieckig oder rechteckig schneiden. Die Kuchenstückchen mit Glasur überziehen. Dazu Puderzucker und Wasser oder Puderzucker und Rum oder Fruchtsaft verrühren. Oder Puderzucker, Wasser und Pulverkaffee oder Kakao verrühren. Es ist ratsam, die Kuchenstücke auf ein Kuchengitter zu stellen, damit man die herunterlaufende Glasur wieder auffangen kann, um sie weiterzuverwenden. Die Glasur obenauf mit kandierten Früchten, kandierten Veilchen, Pistazien oder Mandeln garnieren. Den restlichen hellen Zuckerguß kann man mit Speisenfarben verrühren und in eine Pergamenttüte, in die ein kleines stecknadelgroßes Loch geschnitten wird, füllen. Damit können die Petits fours garniert werden. Auch beschriften kann man damit.

Amerikaner

Für den Teig:
125 g Butter oder Margarine
175 g Zucker
Mark einer halben Vanillestange
3 Eier, 1 Beutel Citro-back
1 Prise Salz, 500 g Mehl
2 TL Backpulver
knapp ¼ lauwarme Milch
1 EL Rum
Für die Glasur:
250 g Puderzucker, 3 EL heißes Wasser
2 EL Kakao oder je 1 Beutel helle und dunkle Kuchenglasur

Alle Zutaten nacheinander in eine Schüssel geben und glattrühren. Auf ein leicht gefettetes und mit Mehl bestäubtes Backblech etwa 12 kleine Häufchen mit Hilfe von zwei Eßlöffeln setzen. Die Abstände sollten groß genug sein. In den vorgeheizten Backofen, mittlere Schiebeleiste, setzen und bei 200 Grad (Elektro) oder Stufe 3 (Gas) etwa 15–18 Minuten backen. Mit dem restlichen Teig ebenso verfahren. Mit der flachen Seite nach unten auf einem Kuchengitter abkühlen lassen. Für die Glasur Puderzucker und Wasser und die Hälfte mit Kakao verrühren. Oder die fertige Glasur verwenden. Eine Hälfte der Kuchenstücke mit der hellen und die andere Hälfte mit der dunklen Glasur bestreichen. Trocknen lassen!

Pfirsich-Küßchen

Für den Teig:
1 Packung tiefgefrorener Blätterteig (300 g)
100 g Marzipanrohmasse
1 EL Puderzucker
2 EL Kirschwasser
5 Pfirsichhälften, frisch oder aus der Dose
Zum Bestreichen:
1 Eiweiß
2 EL Aprikosenmarmelade
1 EL Wasser

Blätterteig auftauen lassen. Jede Teigplatte auf 13 × 15 cm ausrollen und Quadrate von 13 cm ausradeln. Die Marzipanrohmasse, den Puderzucker und das Kirschwasser verrühren und in die Höhlung der Pfirsichhälften (frische vorher leicht mit etwas Wasser dünsten) geben. Die Pfirsiche mit der Füllung nach unten auf die Teigquadrate setzen. Die Teigecken über den Pfirsich legen und mit Eiweiß an der Spitze miteinander verbinden. Aus den Teigresten 5 kleine Rosetten ausstechen, mit Eiweiß auf der Spitze befestigen. Die Pfirsichküßchen auf ein mit kaltem Wasser abgespültes Backblech setzen, etwa 15 Minuten ruhen lassen. Mit einem Hölzchen mehrmals einstechen. In den vorgeheizten Backofen (mittlere Schiebeleiste) schieben und bei 220 Grad (Elektro) oder Stufe 4 (Gas) etwa 20 Minuten backen.
Aprikosenmarmelade und Wasser gut verrühren und das noch heiße Gebäck damit bestreichen. Ergibt 5 Stück.

TIP
Auf diese Weise können auch kleine, gedünstete Äpfel, aus denen das Kerngehäuse ausgestochen wird, in Blätterteig eingeschlagen werden. Auch mit anderem Obst, wie beispielsweise Aprikosen, kann dieses Gebäck zubereitet werden.

Cremeschnitten

Für den Teig:
1 Packung tiefgefrorener Blätterteig
Für die Glasur:
200 g Puderzucker
1–2 EL Wasser
1–2 EL Zitronensaft
Für die Creme:
4 Eiweiß
150 g Puderzucker
½ l Milch
4 Eigelb
1½ Päckchen Vanillepuddingpulver
30 g Zucker
Mark einer Vanilleschote

Die Blätterteigscheiben nebeneinanderlegen und bei Zimmertemperatur etwa 20 Minuten auftauen lassen. Die Scheiben aufeinanderlegen und zu einer 30 × 50 cm großen Platte ausrollen. Beim Backen geht die Platte auf die benötigte Größe zurück! Auf ein mit kaltem Wasser abgespültes Backblech legen und mit einer Gabel einstechen. 10–15 Minuten ruhen lassen. Im vorgeheizten Backofen (mittlere Schiebeleiste) bei 220 Grad (Elektro) oder Stufe 4 (Gas) 12–18 Minuten backen.
Die Platte in zwei Streifen schneiden. Für die Glasur den Puderzucker sieben, mit Wasser und Zitronensaft glattrühren und einen Blätterteigstreifen damit bestreichen. Für die Creme Eiweiß steif schlagen und unter ständigem Schlagen langsam den Zucker einrieseln lassen. 4 Eßlöffel Milch, die 4 Eigelb, Puddingpulver, Zucker und Vanillemark verquirlen. Die restliche Milch aufkochen. Die Mischung zugeben und aufkochen lassen. Eischnee unterheben.
Den zweiten Blätterteigstreifen auf Alufolie legen. Die Ränder hochklappen und mehrmals umknicken, so daß sie eine Höhe von 4 cm haben. Die leicht abgekühlte Creme hineinfüllen. Den mit Guß bestrichenen Streifen in 8 Stücke schneiden und auf die Creme setzen. Die Stoßkanten sind gleichzeitig die Schnittkanten für das Aufteilen.

Schokoladen-Schnitten

Für den Teig:
175 g bittere Schokolade
140 g Butter oder Margarine
140 g Zucker
5 Eier
120 g Mehl
Für die Füllung:
300 g bittere Schokolade
½ l Sahne
Für den Guß:
200 g Blockschokolade
200 g Zucker
⅛ l Wasser
30 g Butter

Schokolade im Wasserbad auflösen. Butter oder Margarine und Zucker cremig rühren und die abgekühlte, aufgelöste Schokolade zufügen. Eigelb nach und nach unterrühren. Mehl zufügen. Eiweiß steif schlagen und unter den Teig heben. Die Masse auf ein mit Pergamentpapier ausgelegtes und eingefettetes Backblech streichen. In den vorgeheizten Backofen (mittlere Schiebeleiste) schieben. Bei 180 Grad (Elektro) oder Stufe 2 (Gas) etwa 30 Minuten backen. Dann stürzen, das Pergamentpapier abziehen.
Für die Füllung die Sahne zusammen mit der zerbröckelten Schokolade in einen Topf geben. Umrühren, bis alles aufgelöst ist. Dann abkühlen lassen und in den Kühlschrank stellen.
Für den Guß die Schokolade auflösen. Zucker in einem Topf auflösen und die Schokolade hinzugeben. Dann die Butter unterrühren. Die Hälfte des Kuchens mit der Glasur überziehen und trocknen lassen.
Dieses Stück in 16 rechteckige Stücke schneiden. Die gekühlte Schokoladensahne mit dem Handrührgerät (Schneebesen) steif schlagen. Dann auf die zweite Kuchenhälfte streichen. Mit den glasierten Teigstücken belegen. Die Stoßkanten sind gleichzeitig die Schnittkanten für die Aufteilung der Schokoladenschnitten.

Obst-Sahneschnitten

Für die Biskuitmasse:
3 Eiweiß
3 EL kaltes Wasser
180 g Zucker
1 Päckchen Vanillinzucker
3 Eigelb
80 g Speisestärke
80 g Mehl
1 gestrichener TL Backpulver
Für die Füllung:
½ l Sahne
1 Päckchen Vanillinzucker
1 Dose Mandarin-Orangen (225 g)
1 Glas Sauerkirschen (250 g)
Zum Bestäuben:
50 g Puderzucker

Eiweiß und Wasser in einer Schüssel mit dem elektrischen Handrührgerät auf höchster Schaltstufe sehr steif schlagen. Zucker und Vanillinzucker unter Schlagen einrieseln lassen.
Das Gerät auf die niedrigste Schaltstufe umschalten. Eigelb unter die Eiweißmasse, dann Speisestärke, Mehl und Backpulver unterheben. Die Teigmasse auf einem mit gefettetem Pergamentpapier ausgelegten Backblech gleichmäßig verstreichen und im vorgeheizten Backofen (mittlere Schiebeleiste) bei 200 Grad (Elektro) oder Stufe 3 (Gas) etwa 12–15 Minuten backen.
Nach dem Backen die Biskuitplatte auf ein Tuch stürzen und das Papier abziehen. Die Platte nach dem Erkalten halbieren, eine Kuchenhälfte mit der steifgeschlagenen, gesüßten und mit Obst vermischten Sahne bestreichen. Die zweite Hälfte darauflegen, mit Puderzucker bestäuben und den Kuchen in Schnitten teilen.

Holländer Schnitten

Für den Teig:
1 Packung tiefgefrorener Blätterteig (300 g)
Für den Guß:
65 g Puderzucker
1–2 EL Wasser oder Kirschwasser
Für die Füllung:
1 Glas Sauerkirschen (450 g)
3 EL Rum
¼ l Sahne
1–2 Blatt weiße Gelatine

Den Blätterteig aus der Packung nehmen und die Teigscheiben nebeneinander auftauen lassen. Aus jeder Scheibe mit einer Tasse 2 größtmögliche Scheiben ausstechen und auf ein mit kaltem Wasser abgespültes Backblech legen. Mehrere Male einstechen. 15 Minuten stehen lassen. Dann in den vorgeheizten Backofen (mittlere Schiebeleiste) setzen und bei 220 Grad (Elektro) oder Stufe 4 (Gas) 15–20 Minuten backen. Inzwischen Puderzucker, Wasser oder Kirschsaft verrühren und mit dem Guß bestreichen. Trocknen lassen. Dann mit einem großen scharfen Messer flach aufschneiden. Die abgetropften Kirschen mit dem Rum beträufeln und zugedeckt ziehen lassen. Sahne mit der aufgelösten, abgekühlten Gelatine steifschlagen und eventuell süßen. Die abgekühlten Teigböden mit etwas Schlagsahne bestreichen und die abgetropften Kirschen darauf verteilen. Die restliche Sahne darüberspritzen und die Teigdeckel obenaufsetzen. Ergibt 10 Stück.

TIP
Statt der Kirschen können auch andere Früchte verwendet werden. So schmekken zum Beispiel gedünstete Aprikosenstücke oder Kiwis – in kleine Würfel geschnitten – sehr gut zu Sahne und Blätterteig.

Kiwi-Joghurt-Schnitten

Für den Teig:
4 Eiweiß
4 EL kaltes Wasser
200 g Zucker
1 Päckchen Vanillinzucker
4 Eigelb
80 g Speisestärke
80 g Mehl
1 gestrichener TL Backpulver
Für die Füllung:
80 g Zucker, 3 Eier
Saft und abgeriebene Schale einer Zitrone
2 Becher Vollmilch-Joghurt
9 Blatt weiße Gelatine
750 g Kiwis
Puderzucker zum Bestäuben

Eiweiß und Wasser, Zucker und Vanillinzucker steif schlagen. Eigelb, Speisestärke, Mehl und Backpulver zugeben. Die Teigmasse auf ein mit Pergamentpapier ausgelegtes gefettetes Backblech streichen und im vorgeheizten Backofen (mittlere Schiebeleiste) bei 200 Grad (Elektro) oder Stufe 3 (Gas) 12–15 Minuten backen. Nach dem Backen die Platte stürzen, Papier abziehen. Die Platte halbieren.
Eier, Zucker und Zitronenschale schaumig rühren. Zitronensaft und Joghurt zugeben. Die eingeweichte, gut ausgedrückte Gelatine teelöffelweise unter die Joghurtmasse rühren. Die geschälten Kiwis in Scheiben schneiden. Einen etwa 10–12 cm hohen Rand aus Alufolie kniffen und etwa 2 cm umbiegen. Daraus einen Kasten in Form der Teigplatten falten. Innen mit Öl einfetten. Den Alurand fest um die untere Teigplatte legen. Einen Teil der Joghurtmasse einfüllen. Die Kiwis darauf verteilen und mit der restlichen Joghurtmasse bedekken. Die zweite Teigplatte darauflegen. Das Ganze bis zum Servieren in den Kühlschrank stellen. Dann die Oberfläche mit Puderzucker bestäuben und das Gebäck in 16 Schnitten schneiden.

Bunte Fruchtschnitten

Für den Teig:
4 Eiweiß
4 EL kaltes Wasser
200 g Zucker
1 Päckchen Vanillinzucker
4 Eigelb
80 g Mondamin
80 g Mehl
40 g Kakao
1 gestrichener TL Backpulver
Für den Belag:
etwa 800 g frische oder
tiefgefrorene Früchte
½ l Sahne
eventuell Borkenschokolade zum Garnieren

Eiweiß und Wasser in einer Schüssel mit dem Handrührgerät auf höchster Schaltstufe sehr steif schlagen. Zucker und Vanillinzucker unter Schlagen einrieseln lassen. Das Gerät auf die niedrigste Stufe umschalten. Eigelb leicht unter die Eiweißmasse, dann das Gemisch aus Mondamin, Mehl, Kakao und Backpulver heben. Die Biskuitmasse auf ein mit gut gefettetem Pergamentpapier ausgelegtes Backblech streichen und in den vorgeheizten Backofen (mittlere Schiebeleiste) setzen. Bei 200 Grad (Elektro) oder Stufe 3 (Gas) etwa 12–15 Minuten backen. Dann die Biskuitplatte auf ein Tuch stürzen und das Papier abziehen. Den Kuchen abkühlen lassen. Dann mit abgetropften Früchten belegen. Die Sahne steif schlagen – eventuell mit Zucker oder Vanillinzucker süßen und auf dem Obst verteilen. Den Kuchen mit einem scharfen Messer in Stücke teilen. Nach Belieben mit Borkenschokolade garnieren.

TIP
Wenn frisches oder tiefgefrorenes Obst verwendet wird, dieses mit einigen Eßlöffeln Wasser und Zucker nur kurz dünsten. Selbstverständlich kann auch eingemachtes Obst verwendet werden.

Obsttörtchen

Für den Teig:
50 g Mondamin
150 g Mehl
1 Ei, 50 g Zucker
1 Päckchen Vanillinzucker
100 g Butter oder Margarine
Mehl zum Ausrollen
Für die Füllung:
¼ l Sahne
1 Päckchen Vanillinzucker
500–750 g frische oder
gedünstete Früchte
etwa 60 g Zucker

Mondamin und Mehl in eine Schüssel geben. Ei, Zucker, Vanillinzucker und das weiche Fett daraufgeben. Alles mit dem Handrührgerät auf niedrigster Stufe verkneten und den Teig für 30 Minuten kalt stellen.
Dann den Teig auf bemehlter Arbeitsfläche ausrollen und ungefettete Torteletteförmchen damit auslegen. Den Teig mehrmals einstechen. Auf den Kuchenrost im vorgeheizten Backofen (mittlere Schiebeleiste) setzen. Bei 200 Grad (Elektro) oder Stufe 3 (Gas) etwa 10–15 Minuten backen. Dann rausnehmen und auf einem Kuchengitter auskühlen lassen.
Sahne steif schlagen, Vanillinzucker einstreuen. Die Torteletts mit der geschlagenen Sahne füllen, eventuell vorher in einen Spritzbeutel mit Sterntülle geben, dann mit den Früchten belegen. Werden frische Früchte verwendet, sollten diese mit ein wenig Wasser, Weißwein oder Fruchtsaft kurz gedünstet werden. Je nach Bedarf dabei Zucker verwenden.

TIP
Damit sich der Teig beim Backen von Torteletts nicht wölbt, bedeckt man ihn mit getrockneten Erbsen. Dieses Verfahren nennt man »Blindbacken«. Die Erbsen werden nach dem Backen wieder vom Teigboden genommen.

Pithiviers-Schnitte

Für den Teig:
1 Packung tiefgefrorener Blätterteig (300 g)
Für die Füllung:
120 g Marzipanrohmasse
40 g Puderzucker
2 Päckchen Vanillinzucker
20 g Butter oder Margarine
1 Ei
½ Glas (1 cl) Kirschwasser
1 Eigelb zum Bestreichen
Außerdem:
100 g Aprikosenmarmelade
1–2 EL Wasser
50 g gehackte Pistazien

Blätterteig aus der Packung nehmen und die Teigplatten nebeneinander auftauen lassen. Die Scheiben übereinanderlegen und zu einem Rechteck von 30 × 30 cm ausrollen und halbieren. Aus Marzipanrohmasse, Puderzucker, Vanillinzucker, Butter oder Margarine, Ei und Kirschwasser eine Creme rühren. Die Creme auf eine Teigplatte streichen, dabei etwa 2 cm an den Rändern freilassen. Die Ränder mit verquirltem Eigelb bestreichen und die zweite Platte darauflegen. Die Ränder leicht zusammendrücken. Die Oberfläche mit Eigelb bestreichen. Mit einem scharfen Messer Teigränder im Abstand von 1 cm kammartig, die Oberfläche bogenförmig einschneiden. Den Kuchen auf ein mit kaltem Wasser abgespültes Backblech legen und 15 Minuten ruhen lassen. In die Mitte des vorgeheizten Backofens (mittlere Schiebeleiste) schieben und bei 220 Grad (Elektro) oder bei Stufe 4 (Gas) etwa 30 Minuten backen.
Die Aprikosenmarmelade und 1–2 Eßlöffel Wasser in einem Topf aufkochen. Den noch heißen Kuchen damit bestreichen und mit gehackten Pistazien bestreuen. Ergibt 10 Stück.

Birnenschnitten mit Schokoguß

250 g Mehl
125 g Margarine
65 g Zucker
1 Ei, 1 Prise Salz
Fett für die Form
1 Dose Birnenhälften
4 EL Birnenschnaps
250 g Sahnequark
150 g Zucker
Schale und Saft einer Zitrone
½ l Sahne
6 Blatt weiße Gelatine
2 EL Birnensaft
150 g Schokoladenkuvertüre

Mehl, Margarine, Zucker, Ei und Salz schnell zu einem Mürbeteig verkneten. 30 Minuten kühl stellen. Auf einem gefetteten Backblech zu einem Rechteck (20 × 35 cm) ausrollen. Den Teig einige Male mit einer Gabel einstechen und in den vorgeheizten Backofen (mittlere Schiebeleiste) schieben. Bei 220 Grad (Elektro) oder Stufe 4 (Gas) etwa 20 Minuten backen. Die Birnen abtropfen lassen, den Saft auffangen. Die Birnen mit Birnenschnaps begießen und zugedeckt eine halbe Stunde ziehen lassen. Den Quark, Zucker, Zitronenschale und Zitronensaft schaumig rühren.
Dann die Sahne schlagen und unter den Quark heben. Die eingeweichte und gut ausgedrückte Gelatine in 2 Eßlöffeln Birnensaft bei schwacher Hitze auflösen. Ebenfalls unterziehen. Zuletzt noch 2 Eßlöffel Birnenschnaps unterrühren. Die Birnen auf der Kuchenplatte verteilen, die Sahnemasse darauf streichen und erstarren lassen.
Die Schokoladenkuvertüre auflösen, die Kuchenplatte mit der Schokoladenkuvertüre begießen, trocknen lassen und in etwa 12 Schnitten teilen.

Äpfel im Schlafrock

Für den Teig:
200 g Mehl
80 g Zucker
150 g Butter oder Margarine
1 Ei
Für die Füllung:
4 Äpfel (Boskop)
4 EL Rum oder Weinbrand
50 g gehackte Mandeln
100 g Marzipanrohmasse
Außerdem:
1 Ei zum Bestreichen

Mehl auf die Arbeitsfläche geben. In die Mitte eine Mulde drücken, Zucker und Butter oder Margarine in Flöckchen auf den Rand setzen. Das Ei in die Mitte schlagen. Alles zu einem glatten Teig verkneten. Eine Kugel formen und kühl stellen. Die Äpfel schälen, das Kerngehäuse ausstechen. Die Äpfel ringsum mit einem Hölzchen einstechen und mit etwas Rum oder Weinbrand beträufeln.
Den Teig auf einer bemehlten Arbeitsfläche ausrollen, so daß ein großes Quadrat entsteht. Daraus wiederum vier kleinere Quadrate ausschneiden.
Die Äpfel mit der Hälfte der Mandeln füllen. Marzipanrohmasse und den restlichen Rum oder Weinbrand verkneten und auch in die Äpfel füllen. Jeweils auf ein Quadrat setzen. Die Teigränder mit Eiweiß bestreichen und über den Äpfeln zusammenlegen. An den Seiten und an der Spitze fest andrücken. Auf ein gefettetes Backblech setzen und mit verquirltem Eigelb bestreichen. Mit den restlichen Mandeln bestreuen. In den vorgeheizten Backofen (untere Schiebeleiste) setzen und bei 200 Grad (Elektro) oder Stufe 3 (Gas) etwa 20 Minuten goldgelb backen.

TIP
Dieser Apfel im Schlafrock kann auch warm mit Vanillesauce serviert werden.

Himbeertörtchen

Für den Teig:
60 g Butter oder Margarine
45 g Puderzucker
½ TL Vanillinzucker, Salz
1 Eigelb, 125 g Mehl
Für die Creme:
150 g Butter oder Margarine
150 g Zucker
3 Eigelb
Saft und abgeriebene Schale
von 3 Zitronen
1 TL Speisestärke
Außerdem:
1 Packung tiefgefrorene Himbeeren
3 EL Aprikosenmarmelade
150 g geröstete Mandelblättchen
⅛ l Sahne
1 gestrichener EL Zucker

Fett und Puderzucker, Vanillinzucker, Salz und Eigelb verkneten. Mehl zugeben und alles rasch zu einem geschmeidigen Teig verkneten. Zu einer Kugel formen und etwa 1 Stunde kalt stellen. Dann den Teig auf einer leicht bemehlten Arbeitsfläche dünn ausrollen und Torteletteförmchen von 8 cm Durchmesser damit auslegen. Den Rand gut andrücken. Im vorgeheizten Backofen (mittlere Schiebeleiste) bei 200 Grad (Elektro) oder Stufe 3 (Gas) etwa 10 Minuten hellbraun backen.
Für die Creme Fett und Zucker, Eigelb, Zitronenschale und -saft und Speisestärke unter ständigem Rühren aufkochen. Gut abkühlen lassen. Die Himbeeren auftauen lassen. Die Törtchen mit der Creme füllen und mit den Himbeeren belegen. Die Aprikosenmarmelade in einem Töpfchen aufkochen und damit den Rand der Törtchen dünn bestreichen. Dann mit den Mandelblättchen bestreuen. Sahne und Zucker steif schlagen, in einen Spritzbeutel füllen und die Törtchen mit Sahnetupfern und Mandelblättchen garnieren.

Erdbeertörtchen (siehe Umschlag) werden nach demselben Rezept gebacken.

Äpfelringe in Rahmteig

Für den Teig:
30 g Margarine (Sanella)
50 g Zucker
1 Päckchen Vanillinzucker
2 Eier, 125 g Mehl
1/8 l Sahne
25 g geriebene Nüsse
2 EL Rum
3 mittelgroße Äpfel
Mehl zum Wenden
Plattenfett zum Ausbacken
Puderzucker zum Bestäuben

Margarine, Zucker, Vanillinzucker und Eigelb schaumig rühren. Nach und nach Mehl und Sahne dazugeben und dann die Nüsse und den Rum unterrühren. Eiweiß steif schlagen und vorsichtig unterheben.
Die Äpfel schälen, das Kerngehäuse ausstechen und die Äpfel in dicke Scheiben schneiden. Dann in Mehl wenden und in den Rahmteig tauchen. Die Apfelringe müssen völlig von dem Teig bedeckt sein. Je 2–3 Apfelringe gleichzeitig in das auf 180 Grad erhitzte Fett geben und darin goldgelb ausbacken. Dann auf Haushaltspapier abtropfen lassen und mit Puderzucker überstäuben.
Diese Apfelringe können kalt und auch warm serviert werden. Ergibt 12 Stück.

TIP
Wer keine Friteuse mit fest eingestelltem Temperaturbegrenzer, etwa 180 Grad, hat, verwendet beim Fritieren einen Kochtopf oder eine tiefe Pfanne, die auf die Automatik-Kochplatte des Elektroherdes gestellt wird. Dann muß hierbei die Einstellung 7–8 für 170–180 Grad gewählt werden. Für 180 bis 190 Grad wird die Stufe 8–10 gewählt. Bei einer normalen Kochplatte liegt die Temperaturspanne von 170–190 Grad bei einer Einstellung von 1½ bis 2. Die tatsächliche Temperatur des Fritierfettes kann jedoch nur mit einem Fett-Thermometer genau gemessen werden. Hat man dieses nicht vorrätig, kann der Stiel eines Holzkochlöffels ins heiße Fett gehalten werden. Zeigen sich am Stiel kleine Bläschen, ist die Temperatur erreicht. Und noch eine Methode: Kleine Weißbrotwürfelchen werden in heißes Fett gegeben. Verfärben sie sich goldgelb, kann fritiert werden.

Spritzkuchen

¼ l Wasser
100 g Butter oder Margarine
1 Prise Salz
25 g Zucker
1 Päckchen Vanillinzucker
125 g Mehl
5–6 Eier
1 TL Backpulver
Für den Guß:
200 g Puderzucker
3–4 EL Wasser

Wasser und Fett, Salz und Zucker und Vanillinzucker in einem Topf aufkochen lassen. Das Mehl hinzugeben und alles bei gleichbleibender Hitze so lange rühren, bis sich der Teig vom Topfrand als Kloß löst. Dann den Topf vom Herd nehmen und sofort 1 Ei und das Backpulver unterrühren. Den Teig abkühlen lassen und dann die restlichen Eier unterrühren. Den Teig in einen Spritzbeutel mit großer Sterntülle geben. Aus Pergamentpapier rechteckige Streifen schneiden, diese einfetten und auf jedes Stück Papier einen Teigring von 1½ bis 2 cm Höhe spritzen. Das Fett in einem Topf auf 180 Grad erhitzen und die Spritzkuchenringe vorsichtig in das heiße Fett gleiten lassen. Dabei das Papier an einer Ecke festhalten, bis die Ringe abgerutscht sind. Wenn die Spritzkuchen von einer Seite goldgelb gebacken sind, mit einer Schaumkelle nach 2 Minuten wenden; ebenfalls 2 Minuten goldgelb backen. Dann aus dem Fett nehmen und auf Küchenpapier abtropfen lassen. Dann mit Puderzucker bestäuben.

TIP
Verbrauchtes Fritierfett beginnt bereits bei Temperaturen von unter 170 Grad blau-grau zu qualmen. Es riecht streng und hat sich dunkelbraun verfärbt. Verbrauchtes Fett unbedingt auswechseln und auf keinem Fall mit neuem Fett »auffrischen«!

Berliner Pfannkuchen

Für den Teig:
30 g Hefe
knapp ¼ l lauwarme Milch, Zucker
40 g Zucker
500 g Mehl, Salz
abgeriebene Schale einer ½ Zitrone
60 g Margarine (Sanella)
1 Ei
weiches Pflanzenfett zum Ausbacken
Außerdem:
125 g Konfitüre
Zucker zum Wenden

Hefe in lauwarme Milch bröckeln. Zukker zufügen, alles verrühren und aufgehen lassen. Mehl, Zucker, Salz, Zitronenschale und die nur eben zerlaufene Margarine in eine Schüssel geben. Hefe, Milch und Ei hinzufügen. Alles durchkneten. Die Schüssel zudecken und den Teig 20 Minuten gehen lassen. Dann eine dicke Rolle formen, diese in 16 gleiche Teile schneiden und Kugeln drehen. Auf ein bemehltes Backbrett legen. Das Pflanzenfett in einem Topf auf 170 Grad erhitzen. Die Teigkugeln hineingleiten lassen. In den ersten 3 Minuten mit Deckel, dann nach dem Wenden ohne Deckel ausbacken. Mit der Schaumkelle herausnehmen, abtropfen lassen und mit einer Kuchenspritze mit langer Tülle die Marmelade in die Berliner füllen. Dann in Zucker wenden.

TIP
Wer mag, kann die Berliner auch mit einem Zuckerguß bestreichen. Oder eben einen Teil mit Streuzucker, den anderen Teil mit Guß anfertigen.

Marzipanecken

Für den Teig:
20 g Hefe
knapp 1/8 l lauwarme Milch
300 g Mehl
50 g Zucker
1 Prise Salz
50 g Margarine (Sanella)
1 Ei
Für die Füllung:
150 g Marzipanrohmasse
3 EL Apricot-Likör
15 g Puderzucker
Zum Bestreichen:
1 Eigelb
Zum Fritieren:
weiches Pflanzenfett
Zum Wenden:
100 g Zucker
1 Päckchen Vanillinzucker

Aus Hefe, Milch, Mehl, Zucker, Salz, zerlassener Margarine und Ei einen Hefeteig bereiten. Den Teig gut durcharbeiten und zugedeckt an einem warmen Ort gehen lassen. Für die Füllung Marzipan, Apricot und Puderzucker verrühren. Den Hefeteig auf einer bemehlten Arbeitsfläche ausrollen und Quadrate von 8 × 8 cm ausradeln. Je 1 Teelöffel Marzipanmasse daraufgeben. Den Rand mit verquirltem Eigelb bestreichen, die Teigstücke über Eck zusammenklappen und die Ränder leicht andrücken. Auf bemehltem Backblech leicht aufgehen lassen. Die Ecken portionsweise in heißem Fett (175 Grad) etwa 4 Minuten goldgelb backen. Abtropfen lassen und in vanilliertem Zucker wenden.

TIP
Je nach Größe des Fritiergutes kann die Fritierzeit zwischen 1 und 15 Minuten betragen. Das zu fritierende Produkt ist gar, wenn es an der Fettoberfläche schwimmt und eine schöne hellbraune Farbe hat.

Fritierte Kirschen

Für den Teig:
125 g Mehl
1 Prise Salz
¼ l lauwarmes Wasser
30 g zerlassene Butter
1 Eiweiß
1 TL Weinbrand oder Kirschwasser
500 g Sauer- oder Süßkirschen
Zum Fritieren:
1000 g weiches Pflanzenfett
Zum Bestreuen:
1 Päckchen Vanillinzucker
100 g feiner Zucker

Mehl, Salz, Wasser, zerlassenes Fett in eine Schüssel geben und gut verrühren, so daß ein geschmeidiger Teig entsteht. Zugedeckt 30 Minuten stehen lassen. Eiweiß steif schlagen und zusammen mit dem Weinbrand oder Kirschwasser unter den Teig heben. Die Kirschen waschen und gut abtropfen lassen. Fett auf 180 Grad erhitzen. Jeweils immer die Kirsche am Stiel durch den Teig ziehen, leicht abtropfen lassen und ins heiße Fett geben. Etwa 3 Minuten darin fritieren lassen. Zum Abtropfen auf Küchenpapier legen. Vor dem Servieren Vanillinzucker und Zucker in einer Schüssel mischen und die Kirschen damit bestreuen.

TIP
Sollten die Kirschen keine Stiele haben, jeweils 3–4 Kirschen auf einer Gabel durch den Ausbackteig ziehen, abtropfen lassen und dann wie im Rezept weiter verfahren. Diese fritierten Kirschen eignen sich auch als leckeres Dessert oder als süßer, etwas ausgefallener Imbiß zum Kaffee.
Übrigens, auf diese Weise können auch Johannisbeeren – aber nur 1 Minute – fritiert werden.

Nuß-Croissants

2 Dosen Knack & Back Croissants
60 g geriebene Haselnüsse
4 EL Zucker, 2 TL Zimt
4 EL Milch, etwas Kondensmilch oder 2 Eigelb zum Bestreichen

Die Dose öffnen, den Teig herausnehmen, die Dreiecke abtrennen und auf einem mit Backpapier ausgelegtem Blech ausbreiten. Haselnüsse, Zucker und Zimt und Milch in einer Schüssel verrühren und diese Masse gleichmäßig auf den Teigdreiecken verteilen. Teigstücke locker von der Schmalseite zur Spitze hin aufrollen, so daß der Zipfel in der Mitte liegt.
Die Croissants mit Kondensmilch oder verquirltem Eigelb bestreichen. In den vorgeheizten Backofen (mittlere Schiebeleiste) setzen und bei 200 Grad (Elektro) oder Stufe 3 (Gas) etwa 15 Minuten backen.

Schweinsöhrchen

1 Packung tiefgefrorener Blätterteig
Zucker zum Bestreuen

Blätterteigscheiben nebeneinander auftauen lassen. Dann die Scheiben aufeinanderlegen und jeweils etwas Zucker dazwischenstreuen. Die Arbeitsfläche ebenfalls mit Zucker bestreuen. Den Teig zu einer 20 × 30 cm großen Platte ausrollen. An den Längsseiten zur Mitte hin von beiden Seiten einschlagen. Wieder mit Zucker bestreuen und zusammenklappen. Diesen Streifen in 1 cm breite Scheiben schneiden und mit genügend Zwischenraum auf ein mit kaltem Wasser abgespültes Backblech legen. 15 Minuten ruhen lassen. Im vorgeheizten Backofen bei 200 Grad (Elektro) oder Stufe 3 (Gas) 8–12 Minuten backen. Wenn sie nach 6–8 Minuten auf der Unterseite braun bzw. karamelisiert sind, mit einem breiten Messer wenden und zu Ende backen.

Holunderblüten im Backteig

Für den Teig:
150 g Mehl
1 Prise Salz
3 Eier
je ½ l Milch und Selterswasser
Mark einer ½ Vanillestange
15 Holunderblütendolden
Zum Fritieren:
500 g weiches Pflanzenfett
Zum Bestreuen:
50 g feinster Zucker
½ TL Zimt

Für den Teig Mehl, Salz, Eier, Milch, Selterswasser und Vanillemark verrühren. 30 Minuten zugedeckt ruhen lassen. Die Holunderblüten abspülen, abtropfen oder besser auch auf Haushaltspapier trockentupfen. Dann jeweils eine Blüte durch den Teig ziehen, leicht abtropfen und in das auf 175 Grad erhitzte Fett geben. Etwa 3 Minuten darin ausbacken. Auf Haushaltspapier abtropfen, dann vor dem Servieren Zucker und Zimt mischen und die Küchlein damit bestreuen. Sofort heiß servieren.

TIP
Auf jeden Fall sollten die Stiele an den Holunderblüten dran bleiben, denn das sieht sehr hübsch aus. Man kann dieses Gericht auch in der Bratpfanne zubereiten. Dazu werden dann Margarine oder Butter erhitzt und die durch den Teig gezogenen Holunderblüten mit dem Stielende nach oben etwa 4–5 Minuten gebraten.

Holsteiner Pförtchen

Für den Teig:
¼ l Milch
⅛ l Sahne
75 g Margarine (Sanella)
50 g Zucker
1 Prise Salz
300 g Mehl
5 Eier
40 g gehackte Mandeln
½ TL Kardamom
125 g Rosinen
25 g Hefe
1 EL Wasser
25 g Zucker
Zum Ausbacken:
1000 g reines Pflanzenfett
Zum Wenden:
100 g feinster Zucker

Milch, Sahne, weiche Margarine, Zukker und Salz in einem Topf aufkochen. Das Mehl auf einmal dazugeben und alles bei schwacher Hitze zu einem Kloß verrühren.
So lange rühren, bis sich der Teig vom Topfboden löst. Dann sofort ein Ei unterrühren. Abkühlen lassen und die restlichen Eier, Mandeln, Kardamom und Rosinen unterheben. Die Hefe, Wasser und Zucker in einem kleinen Gefäß verrühren und unter den Teig geben. Zudecken und aufgehen lassen. Das Pflanzenfett in einem Topf auf 175 Grad erhitzen. Mit zwei Eßlöffeln kleine Klöße abstechen und in dem Fett 3 Minuten ausbacken lassen. Auf Haushaltspapier abtropfen lassen und in Zucker wenden.

TIP
Bei diesen Alarmzeichen sollten Sie das Fritierfett schleunigst erneuern:
- das Fett schäumt feinporig und konstant
- die Rauchentwicklung beginnt unterhalb der Fritiertemperatur
- stechender Geruch
- das Fett färbt sich dunkel

Räderkuchen

Für den Teig:
150 g Margarine
150 g Zucker
3 Eier
3 EL saure Sahne
1 Prise Salz
1 TL Zimt
2 EL Rum
500 g Mehl
2 TL Backpulver
Zum Ausbacken:
1000 g reines Pflanzenfett
Zum Bestäuben:
Puderzucker

Margarine, Zucker, Eier und saure Sahne in einer Schüssel schaumig rühren. Salz, Zimt und Rum zugießen. Mehl und Backpulver mischen und einen Teil zugeben und unterrühren. Das restliche Mehl-Backpulvergemisch unterkneten. Den Teig etwa 5 mm dick ausrollen. Mit einem Teigrädchen Streifen von 4 × 10 cm ausradeln. In der Mitte einen länglichen Einschnitt machen und ein Teigende hindurchziehen.
Das Pflanzenfett in einem Topf auf 175 Grad erhitzen. Portionsweise die Teigstücke in das Fett geben. Etwa 3 Minuten ausbacken. Herausnehmen und auf Haushaltspapier abtropfen lassen. Dann mit Puderzucker bestäuben.

Topfenkolatschen

Für den Teig:
500 g Mehl, 30 g Hefe
80 g Zucker
etwa ¼ l Milch, Salz
8 EL Maiskeimöl
Für die Füllung:
25 g Butter oder Margarine
25 g Zucker, 1 Eigelb
abgeriebene Schale einer Zitrone
1 gestrichener TL Mondamin
125 g Quark, 50 g Rosinen
1 Eiweiß
Zum Bestreichen:
1 Eigelb
Zum Bestreuen:
75 g gehackte Mandeln

Mehl in eine Schüssel geben. In die Mitte Hefe bröckeln und mit 1 TL Zucker, etwas lauwarmer Milch und Mehl verrühren. Etwas Mehl darüber stäuben. Zugedeckt aufgehen lassen. Dann den Hefevorteig mit etwas Mehl verkneten, dann mit den restlichen Zutaten ganz verkneten, bis sich der Teig von der Schüssel löst. Den Teig ½ cm dick ausrollen und Quadrate von 10 × 10 cm ausschneiden.
Für die Füllung Butter oder Margarine in einer Schüssel schaumig schlagen. Zucker einrieseln lassen und Eigelb und Zitronenschale zufügen. Mondamin und durchgerührten Quark und die Rosinen einrühren. Eiweiß steif schlagen und unter die Zutaten heben. Auf jedes Teigquadrat 1 Eßlöffel von der Füllung geben. Die Ecken kuvertartig überklappen. Die Gebäckstücke mit Eigelb bestreichen, mit Mandeln bestreuen und noch einmal gehen lassen.
Die Topfenkolatschen auf ein gefettetes, mit wenig Mehl bestäubtes Backblech setzen. Das Blech in den vorgeheizten Backofen (mittlere Schiebeleiste) setzen und bei 220 Grad (Elektro) oder Stufe 4 (Gas) 20–25 Minuten backen.

Apfeltaschen

Für den Teig:
500 g Mehl
1 Päckchen Trockenbackhefe, Salz
120 g Zucker, 50 g gemahlene Mandeln
⅛ l Milch, 2 Eier
60 g zerlassene Butter
Für die Füllung:
2–3 Äpfel, 2 EL Zucker
1 EL Rum oder Weißwein
Zum Ausbacken:
1000 g reines Pflanzenfett
Zum Bestreuen:
120 g Zucker

Mehl in eine Schüssel geben. Hefe, Salz, Zucker und die Mandeln untermischen. Milch, Eier und das Fett zufügen und in die Mitte des Mehls geben. Mit dem Knethaken des Handrührgerätes unterheben. Mehl über den Teig streuen und mit den Händen durchkneten. Zugedeckt 30 Minuten an einem warmen Ort ruhen lassen. Inzwischen die Äpfel vorbereiten. Apfelscheiben mit Zucker und Rum oder Weißwein etwa 8 Minuten dünsten. Dann die Rosinen zugeben.
Den Teig etwa 2 mm dick auf einer leicht bemehlten Arbeitsfläche ausrollen. Mit einem Glas oder einer Ausstechform Kreise von 6 cm Durchmesser ausstechen.
Von der Füllung jeweils einen Teelöffel voll auf dem Teig verteilen. Den Teig dann zur Hälfte überklappen. Die Ränder mit einem Löffelstiel andrücken. Die Apfeltaschen zugedeckt noch 15 Minuten ruhen lassen. Das Fett in einem Topf auf 175 Grad erhitzen. Die Apfeltaschen nacheinander darin ausbacken und mit Zucker bestreuen.

Nußhörnchen

Für den Teig:
300 g Mehl, 20 g Hefe
5 EL lauwarme Milch, 2 EL Zucker
120 g Butter
1 Ei, 1 Prise Salz
Für die Füllung:
20 g Butter, 75 g Zucker
1 Päckchen Vanillinzucker, Salz
100 g gemahlene Haselnüsse
Außerdem:
30 g Sultaninen
3 EL Milch, 1 Eigelb

Mehl in eine Schüssel geben. In die Mitte eine Mulde drücken. Hefe hineinbröckeln. Lauwarme Milch zugeben. Zucker und Salz auf dem Rand verteilen. Die Butter in Flöckchen darüber setzen. Das Ei in die Mitte geben. Alles mit dem Knethaken verrühren. Den Teig zugedeckt an einem warmen Ort 20 Minuten gehen lassen. Inzwischen die Füllung bereiten. Dafür Butter und Zucker verrühren, Vanillinzucker, Salz und die Haselnüsse untermischen.
Den Teig etwa ½ cm dick auf einer bemehlten Arbeitsfläche ausrollen und Dreiecke ausschneiden. Die Nußmasse auf die Teigstücke geben, aufrollen und zu Hörnchen formen. Milch und Eigelb verquirlen und die Hörnchen damit bestreichen. Auf ein gefettetes mit Mehl bestäubtes Backblech legen und in den vorgeheizten Backofen (mittlere Schiebeleiste) setzen und bei 200 Grad (Elektro) oder Stufe 3 (Gas) etwa 18–20 Minuten backen. Die Hörnchen aus dem Ofen nehmen und auf ein Kuchengitter legen, damit die Gebäckstücke abkühlen können.

TIP
Diese Hörnchen können auch mit anderen verschiedenen Füllungen versehen werden. So zum Beispiel schmeckt eine Marzipanfüllung sehr gut. Dazu 100 g Marzipanrohmasse und 50 g Puderzucker verkneten, etwas zerlassene Butter und 1 Eßlöffel Milch unterrühren.

Hefeschnecken

Für den Teig:
500 g Mehl, 30 g Hefe
80 g Zucker, gut ⅛ l lauwarme Milch
100 g Butter oder Margarine, Salz
3 Eier, Mehl zum Ausrollen
Für die Füllung:
je 50 g gehackte Mandeln,
Sukkade (Zitronat) und Sultaninen
abgeriebene Schale einer Zitrone
40 g Zucker
40 g Butter, Margarine zum Einfetten
Für den Guß:
250 g Puderzucker, 3–4 EL Zitronensaft

Mehl in eine Schüssel geben. In die Mitte eine Mulde drücken. Hefe hineinbröckeln, einen Teelöffel Zucker darüberstreuen. Etwas Milch und Mehl zufügen und zu einem Vorteig verrühren. Zudecken und 15 Minuten an einem warmen Ort ruhen lassen. Dann den restlichen Zucker, Butter oder Margarine in Flöckchen, Salz und Eier zufügen. Alles mit der restlichen Milch verrühren. Dann 20 Minuten zugedeckt ruhen lassen. Auf einer bemehlten Arbeitsfläche etwa ½ cm dick ausrollen.
Für die Füllung Mandeln, Sukkade, Sultaninen und Citro-back in einer Schüssel mischen und auf dem Hefeteig verteilen. Zucker darüber streuen und Butter in Flöckchen obenauf geben. Den Teig zusammenrollen und mit einem scharfen Messer 1 cm dicke Scheiben abschneiden. Die Teigscheiben auf ein gefettetes Backblech legen. Die Abstände sollten etwa 8 cm betragen. Dann noch einmal zudecken und 10 Minuten gehen lassen. Dann in den vorgeheizten Backofen (mittlere Schiebeleiste) setzen und bei 200 Grad (Elektro) oder Stufe 3 (Gas) etwa 25 Minuten backen. Dann rausnehmen und auf ein Kuchengitter setzen.
Für den Guß Puderzucker und Zitronensaft verrühren und die Schnecken damit bestreichen. Die Schnecken auskühlen lassen.

Baisers

4 Eiweiß
1 Prise Salz
250 g feinster Zucker
2 EL Zitronensaft

Eiweiß und Salz in eine Rührschüssel geben und schnittfest schlagen. Löffelweise zwei Drittel des Zuckers einrieseln lassen. Zitronensaft zufügen und den Eischnee nochmals durchschlagen. Den restlichen Zucker unterheben.
Ein Backblech einfetten, mit Mehl bestäuben oder mit Backpapier auslegen. Den Eischnee in einen Spritzbeutel mit Sterntülle füllen und etwa handtellergroße Kreise darauf spritzen. In den vorgeheizten Backofen (mittlere Schiebeleiste) setzen und bei 100 Grad (Elektro) oder Stufe ½ (Gas) etwa 3 Stunden trocknen lassen. Dabei die Backofentür einen Spalt offen lassen, damit die verdampfende Feuchtigkeit entweichen kann. Zum Dazwischenklemmen am besten einen Holzstiel bzw. einen Kochlöffel nehmen.
Dann die Baisers auf ein Kuchengitter setzen und auskühlen lassen.

TIP
Für Sahne-Baisers werden süße Sahne und Zucker oder auch zusätzlich Vanillinzucker in einer Schüssel steif geschlagen. Jeweils eine Baiser-Schale damit füllen und die zweite daraufsetzen. Für kleine Baiser-Törtchen, die sehr dekorativ aussehen, spritzen Sie kleine handtellergroße Tortelettformen auf Backpapier und lassen diese wie im Rezept beschrieben trocknen. Diese können mit flüssiger, leicht angekühlter Schokoladenglasur gefüllt werden. Dann können Sie beliebige Früchte, selbstverständlich gut abgetropft, in die Törtchen geben.
Für Baiser mit Schokoladensoße wird flüssige Schokoladenglasur – hell oder dunkel – mit flüssiger Sahne steif geschlagen und über Baiserschalen gegeben.

Brandteiggebäck

Windbeutel

Für den Teig:
¼ l Wasser, 65 g Margarine
1 Päckchen Vanillinzucker
150 g Mehl, 4 Eier
Für die Füllung:
½ l Sahne, 30 g Zucker
Puderzucker zum Bestäuben

Eclairs

Teig wie für Windbeutel
Für die Füllung:
¼ l Milch
2 EL Zucker
knapp ¾ Beutel
Schokoladenpuddingpulver
100 g Butter
Für die Glasur:
1 Beutel helle Kuchenglasur

Krapfen

Teig wie für Windbeutel
Außerdem:
je 2 EL Rosinen und Orangeat
Fett zum Ausbacken, Puderzucker

Für die Windbeutel den Teig nach dem Rezept »Brandteig« (S. 14) zubereiten. Ein Backblech einfetten und mit wenig Mehl bestäuben. Den Teig in einen Spritzbeutel (dicke Sterntülle) geben. In gleichmäßigen Abständen den Teig im Durchmesser von 5 cm auf das Blech spritzen. Im vorgeheizten Backofen (untere Schiebeleiste) bei 220 Grad (Elektro) oder Stufe 4 (Gas) 30–40 Minuten backen. Noch 10–12 Minuten im ausgeschalteten Ofen ruhen lassen. Dann herausnehmen, aufschneiden und auskühlen lassen. Sahne steifschlagen, Zucker zufügen. Vor dem Servieren füllen und mit Puderzucker bestäuben.

Für die Eclairs wird derselbe Teig wie für Windbeutel bereitet. Auf ein leicht gefettetes, bemehltes Blech 6–7 cm lange Streifen spritzen und ebenso wie die Windbeutel abbacken, aufschneiden und füllen.
Dafür aus Milch, Zucker und Puddingpulver einen Flammeri bereiten und mit Butter verrühren. Abgekühlt in die Eclairs füllen. Die Deckel der Eclairs mit aufgelöster Kuchenglasur bestreichen.
Für die Krapfen denselben Teig wie für Windbeutel bereiten. Rosinen und Orangeat unter den Teig kneten. Den Teig mit zwei Teelöffeln abstechen. Das Fett (175 Grad) erhitzen und portionsweise den Teig zu Krapfen ausbacken. Abkühlen lassen und mit Puderzucker bestäuben.
Die Spritzkuchen werden wie im Rezept auf Seite 75 angegeben zubereitet.

Bitte mit Sahne

Kunstvolle Torten
für festliche Stunden

Mokka-Butter-Cremetorte

Für den Teig:
4 Eigelb, 4 EL heißes Wasser
120 g Zucker, 1 Prise Salz
Mark einer Vanilleschote
4 Eiweiß, 120 g Mehl, 30 g Speisestärke
Margarine zum Einfetten
Für die Mokka-Buttercreme:
½ l Milch, Mark einer Vanilleschote
60 g Zucker, 1 Prise Salz
1 EL Pulverkaffee, 50 g Speisestärke
2 Eigelb, 250 g Butter
125 g Zucker
Zum Garnieren:
12 Mokkabohnen, gehobelte Mandeln

Eigelb, Wasser, Zucker und Salz schaumig schlagen, Vanillemark zugeben. Die Masse weißcremig rühren. Eiweiß schnittfest schlagen und auf die Eigelbmasse geben. Mehl und Speisestärke darüber verteilen. Vorsichtig alles untermischen. Eine Springform (24 cm Durchmesser) einfetten. Teig einfüllen. Die Form in den vorgeheizten Backofen (mittlere Schiebeleiste) stellen. Bei 200 Grad (Elektro) oder Stufe 3 (Gas) etwa 40 Minuten backen, auskühlen lassen. Die Torte zweimal waagerecht durchschneiden.
Für die Mokka-Buttercreme Milch, Vanillemark, Zucker, Salz und Pulverkaffee aufkochen lassen. Speisestärke mit etwas Wasser verrühren, in die Milch gießen und einmal aufkochen lassen. Eigelb mit etwas Pudding verrühren und dazugeben. Gut abkühlen lassen.
Butter und Zucker schaumig schlagen und in die abgekühlte Mokka-Puddingcreme rühren. Etwa 7 Eßlöffel Creme in einen Spritzbeutel füllen und diesen kühl stellen. Mit der restlichen Creme die Tortenböden füllen, zusammensetzen und den Rand bestreichen. 12 Tortenstücke markieren. Auf jedes Stück mit Mokkacreme Rosetten spritzen, Torte mit Mokkabohnen und gehobelten Mandeln garnieren.

Nougat-Nußcreme-Torte

Für die Torte:
1 dunkler, dreiteiliger Biskuittortenboden
4 EL Aprikosenkonfitüre
3 EL Grand Marnier, 2 Gläser Nutella
4 EL zerlassenes Kokosfett
2 Beutel gehackte Mandeln
Zum Garnieren:
12 Walnußhälften, 1 Belegkirsche

Die Tortenböden auseinander nehmen. Konfitüre und Grand Marnier verrühren und die Oberfläche der Böden damit bestreichen. Die Böden wieder zusammensetzen. Nutella und zerlassenes Kokosfett in einem Topf verrühren. Die Tortenoberfläche damit begießen und auch den Rand mit Schokoladenmasse bestreichen. Die Torte dazu leicht schräg halten. Mandeln in einer Pfanne ohne Fett goldgelb rösten. Abkühlen lassen und damit den Rand garnieren. 12 Tortenstücke obenauf markieren. Auf jedes Tortenstück eine Walnußhälfte setzen. Die Belegkirsche in die Mitte setzen. Die Torte kühl stellen.
Wer keinen fertigen Biskuitboden vorrätig hat, kann ihn nach dem folgenden Rezept selbst backen:

8 Eier, 2 EL Cognac
180 g Zucker
1 Päckchen Vanillinzucker
abgeriebene Schale einer halben Zitrone oder ½ Beutel Citro-back
100 g Mehl, 100 g Speisestärke
40 g Kakao, Fett für die Form

Eigelb und Cognac in einer Schüssel schaumig schlagen. Die Hälfte des Zuckers und den Vanillinzucker nach und nach zufügen. Die Zitronenschale oder Citro-back unterrühren. Eiweiß steif schlagen, dabei restlichen Zucker einrieseln lassen. Eischnee auf die Masse geben. Mit dem Rührlöffel unterheben. Mehl, Speisestärke und Kakao mischen und wiederum mit dem Rührlöffel unterheben. Den Boden einer Springform (24–26 cm Durchmesser) einfetten. Den Teig hineingeben. Im vorgeheizten Backofen (untere Schiebeleiste) bei 180–200 Grad (Elektro) oder Stufe 2–3 (Gas) 30–40 Minuten backen. Den Rand mit einem spitzen Messer lösen und den Boden auf einem Kuchengitter auskühlen lassen. Danach mit einem spitzen langen Messer waagerecht durchschneiden. Noch etwas auskühlen lassen und dann weiterverfahren wie im Rezept angegeben.

Schokoladencreme-Torte

1 Paket Backmischung Biskuit
3 Eier
3–4 EL Wasser (50 ccm)
Fett für die Form
Für die Füllung:
1 Paket Creme Mix Schokolade (Tortencreme)
⅛ l kalte Milch
50 g Butter oder Margarine

Backmischung, Eier und Wasser in eine Schüssel geben. Mit dem Rührbesen des Handrührgerätes kurz auf Schaltstufe 1 verrühren. Dann bei höchster Schaltstufe 3–4 Minuten schaumig schlagen. Eine Springform (24–26 cm Durchmesser) einfetten und den Teig hineinfüllen. Obenauf glattstreichen. In dem vorgeheizten Backofen (untere Schiebeleiste) bei 175 Grad (Elektro) oder Stufe 2 (Gas) 30–35 Minuten backen.
Den Biskuit einige Minuten auskühlen lassen. Mit einem spitzen Messer aus der Form lösen. Zum Abkühlen auf ein Kuchengitter stellen. Nach einer Stunde einmal waagerecht durchschneiden. Die Tortencreme und Milch verrühren. Butter oder Margarine schaumig rühren und unter die Masse heben. Mit ⅔ der Creme die Torte füllen. Mit restlicher Creme die Oberfläche und den Rand bestreichen und garnieren.

TIP
Vergessen Sie bitte nicht, beim Kauf von Fertig-Backmischungen auf das Haltbarkeitsdatum zu achten! Erfahrungsgemäß sind diese Packungen 12 Monate haltbar. Das gilt auch für Trokkenback-Hefe. Wenn die Packungen zu Hause kühl und trocken gelagert werden, können Sie die Haltbarkeit sogar noch verlängern.

Himbeertorten-Herz

1 dreiteiliger heller Biskuit-Tortenboden
1 Herzschablone aus Pappe, die auf den Tortenboden paßt
100 g Himbeerkonfitüre
Für die Himbeersahne:
9 Blatt weiße Gelatine
500 g Himbeeren, 4 EL Himbeergeist
100 g Puderzucker
1 Päckchen Vanillinzucker
1 Beutel Orange-back, ⅝ l Sahne

Aus den Tortenböden mit Hilfe der Schablone drei Herzen ausschneiden. Herzen nebeneinander legen, Himbeerkonfitüre verrühren und damit den unteren und den mittleren Tortenboden bestreichen. Für die Himbeersahne Gelatine in kaltem Wasser einweichen. Himbeeren verlesen und entstielen. Einige Himbeeren zur Garnierung zurücklassen. Die übrigen Himbeeren passieren. Himbeergeist, Puderzucker, Vanillinzucker und Orange-back verrühren. Gelatine gut ausdrücken und in heißem Wasserbad auflösen. Unter das Himbeerpüree rühren und leicht gelieren lassen. Sahne steif schlagen und unter das Püree rühren. Etwa 6 Eßlöffel von der Himbeersahne in einen Spritzbeutel füllen und kühl legen. Den unteren und mittleren Tortenboden mit der Himbeersahne bestreichen. Die drei Tortenböden exakt zusammensetzen. Dann das Herz obenauf und seitlich mit der Sahne bestreichen. Mit einem etwas angefeuchteten langen Messer glattstreichen. Mit dem Spritzbeutel Sahnetupfen ringsum auf das Herz setzen, mit den restlichen Himbeeren garnieren.

Himbeer-Baisertorte

8 Eiweiß
200 g Zucker
150 g Puderzucker
30 g Speisestärke
1 Packung tiefgefrorene Himbeeren
¼ l Sahne
2 EL Zucker
2 cl Cognac

Eiweiß sehr steif schlagen und unter ständigem Schlagen langsam den Zukker einrieseln lassen. Puderzucker und Speisestärke darübersieben, noch einmal aufschlagen und in einen Spritzbeutel mit Lochtülle füllen. Auf ein mit Pergamentpapier ausgelegtes Backblech spiralenförmig einen runden Boden spritzen. Auf den Rand Tupfen setzen. Im vorgeheizten Backofen (untere Schiebeleiste) bei 100 Grad (Elektro) oder Stufe 1 (Gas) über Nacht trocknen lassen. Dabei die Backofentür mit Hilfe eines Kochlöffels einen Spalt offen lassen. Den fertigen Boden vom Blech nehmen, das Pergamentpapier abziehen und den Boden abkühlen lassen. Die Himbeeren auftauen. Sahne und Zukker steif schlagen und den Cognac unterrühren. Den Baiserboden mit der Cognacsahne bestreichen und mit den Himbeeren belegen.

TIP
Die beste Baisermasse erhält man mit Hilfe einer Küchenmaschine; denn Eischnee kann keine ruckartigen Handbewegungen vertragen. Deshalb arbeitet das Rührwerk einer Küchenmaschine besser als die Hand. Man beginnt zunächst auf kleiner Stufe, erhöht dann die Geschwindigkeit und drosselt erst zum Schluß wieder. Beim Zubereiten von Baisermasse muß unbedingt darauf geachtet werden, daß während des Bakkens am Tage nicht auf dem Herd gekocht wird. Es entstehen feuchte Dämpfe, die das Backen von Baisermasse entscheidend beeinträchtigen können.

Rhabarber-Erdbeer-Torte

Für den Teig:
250 g Mehl
1 TL Backpulver
70 g Zucker
1 Päckchen Vanillinzucker
abgeriebene Schale einer Orange
1 Prise Salz
1 Ei
80 g Butter oder Margarine
Für den Belag:
750 g Rhabarber
250 g Erdbeeren
8 Blatt weiße Gelatine

Mehl und Backpulver auf ein Backbrett geben. In die Mitte eine Mulde drücken. Zucker, Vanillinzucker, Orangenschale, Salz und Ei hineingeben. Mit der Hälfte des Mehls zu einem Teig verrühren. Fett in Flöckchen dazugeben. Alles möglichst schnell zu einem glatten Teig verarbeiten. 30 Minuten in den Kühlschrank legen.
Dann auf einer bemehlten Arbeitsfläche ausrollen. ⅔ des Teiges auf dem Boden einer Springform (24 cm Durchmesser) ausrollen. Den restlichen Teig zu einer Rolle formen, innen an den Springformrand legen, leicht andrücken und mit den Fingern zu einem Rand hochziehen. Den Mürbeteig im vorgeheizten Backofen (untere Schiebeleiste) bei 220 Grad (Elektro) oder Stufe 4 (Gas) etwa 35 Minuten backen.
Inzwischen den Rhabarber putzen, waschen, in kleine Stücke schneiden und mit Zucker bestreuen. Erdbeeren entstielen und vierteln. Zusammen mit dem Rhabarber in einen Topf geben und bei kleiner Hitze etwa 10 Minuten dünsten. Gelatine in kaltem Wasser einweichen, gut ausdrücken und in die Rhabarber-Erdbeermischung geben. Die Fruchtmenge abkühlen lassen und auf den fertigen Tortenboden geben. Die Torte 2 Stunden kühl stellen. Dann mit vanillierter Schlagsahne garnieren.

Orangentorte

Für den Teig:
125 g Mehl, 40 g Zucker
20 g gemahlene Mandeln
75 g Margarine (Sanella)
Für den Biskuitteig:
6 Eigelb, 185 g Zucker
4 EL Wasser, 1 Päckchen Vanillinzucker
6 Eiweiß, 75 g Speisestärke
½ TL Backpulver
30 g Orangenkonfitüre
Für die Füllung und zum Garnieren:
6 gr. u. 2 kl. Orangen, 3 EL Cointreau
3 EL Zitronensaft, 50 g Zucker
11 Blatt weiße Gelatine
¼ und ⅜ l Sahne, 30 g Zucker
40 g Instant-Schokoladenpulver
1 gestrichener TL Pulverkaffee
1 Päckchen Vanillinzucker
1 EL Borkenschokolade
40 g gehobelte Mandeln

Alle Zutaten verkneten, ausrollen, und eine Springform (26 cm Durchmesser) damit auslegen. Im vorgeheizten Backofen (untere Schiebeleiste) bei 200 Grad (Elektro) oder Stufe 3 (Gas) 10 Minuten vorbacken. Biskuitteig bereiten. Orangenkonfitüre mit wenig Wasser verrühren, auf Teigboden geben, Biskuitteig darüber. 25–30 Minuten backen. Den abgekühlten Boden zweimal waagerecht durchschneiden. Für die erste Füllung eine ½ Orange abreiben. Große Orangen schälen, würfeln. Cointreau, Zitronensaft, Zucker dazu. 6 eingeweichte Blatt weiße Gelatine auflösen. Unter das Orangenfleisch geben. Fest werden lassen. Auf unterem Teigboden verteilen, zweiten Boden darüber. ¼ l Sahne steif schlagen, Schokoladenpulver, Kaffeepulver und 2 Blatt aufgelöste Gelatine unterrühren. Als zweite Füllung auf den Boden geben. Dritten Boden darüber. ⅜ l Sahne, Zucker, Vanillinzucker steifschlagen. 3 Blatt eingeweichte, aufgelöste Gelatine unter die Sahne rühren. Sahne in den Spritzbeutel einfüllen. Mit Rest Torte überziehen. Torte garnieren.

Erdbeer-Quark-Torte

Für den Teig:
150 g Margarine (Sanella)
150 g Zucker
1 Päckchen Vanillinzucker, Salz
abgeriebene Schale einer ½ Zitrone
3 Eier, 150 g Mehl
½ TL Backpulver, Fett für die Form
Für die Füllung:
1 Packung tiefgefrorene Erdbeeren (300 g)
750 g Magerquark, 225 g Zucker
1 Päckchen Vanillinzucker
abgeriebene Schale einer Zitrone
⅛ l Zitronensaft
12 Blatt weiße Gelatine
2 Blatt rote Gelatine
⅜ l Sahne, 6 EL Kirschwasser

Margarine, Zucker, Vanillinzucker, Salz, abgeriebene Zitronenschale und Eier schaumig rühren. Mehl und Backpulver mischen, nach und nach unterrühren. Eine Springform (24 cm Durchmesser) mit Margarine einfetten und den Teig einfüllen. Im vorgeheizten Backofen (untere Schiebeleiste) bei 170 Grad (Elektro) oder Stufe 1–2 (Gas) etwa 45 Minuten backen. Für die Füllung die aufgetauten Erdbeeren pürieren. Quark, Zucker, Vanillinzucker, abgeriebene Zitronenschale und Zitronensaft unterrühren. Die Gelatine einweichen, ausdrücken, im heißen Wasserbad auflösen. Unter den Quark rühren und kalt stellen. Sahne steif schlagen und unter die halbsteife Quarkmasse heben. Den abgekühlten Kuchen einmal waagerecht durchschneiden und Boden mit Kirschwasser beträufeln. Mit der Hälfte der Quarkmasse füllen. Rest auf Oberfläche und Rand der Torte verteilen.

Brombeertorte

Für den Teig:
4 Eier, 4 EL kaltes Wasser, 200 g Zucker
1 Päckchen Vanillinzucker
1 Prise Salz, 80 g Mehl
80 g Speisestärke, 30 g Kakao
1 TL Backpulver
40 g gemahlene Mandeln
Fett für die Form
Für die Füllung:
1 Glas Brombeerkonfitüre (450 g)
150 g Brombeeren (Glas oder Dose)
1 Glas (2 cl) Himbeergeist
8 Blatt weiße Gelatine
0,2 l Sahne, 1 EL Zucker
einige Brombeeren zum Garnieren

Aus den Zutaten einen Biskuitteig bereiten. Boden einer Springform (26 cm Durchmesser) mit gefettetem Pergamentpapier auslegen. Biskuitmasse einfüllen. Oberfläche glattstreichen. Im vorgeheizten Backofen (untere Schiebeleiste) bei 200 Grad (Elektro) oder Stufe 3 (Gas) etwa 30 Minuten backen. Im ausgeschalteten Ofen noch 6 Minuten ruhen lassen. Aus der Form lösen, auf ein Kuchengitter stürzen. Das Pergamentpapier abziehen. Den ausgekühlten Boden einmal waagerecht durchschneiden. Die untere Hälfte auf eine Tortenplatte legen. Einen Tortenring oder den Rand der Springform um den Tortenboden legen. Für die Füllung die Brombeerkonfitüre und die Brombeeren in einer Schüssel gut verrühren. Himbeergeist zufügen. Gelatine auflösen. Zu den Brombeeren geben. Sahne sehr steif schlagen und Zucker einrieseln lassen. Mit dem Rührlöffel unter die Brombeeren heben. Diese Masse auf den Tortenboden geben und glattstreichen. Den zweiten Tortenboden obenauf legen. Andrücken. Die Torte 2–3 Stunden in den Kühlschrank stellen. Dann Tortenring entfernen. Die Oberfläche mit Puderzucker bestäuben. Mit schönen Brombeeren garnieren. Die Torte in 12 Stücke schneiden.

Zitronentorte

Für den Teig:
200 g Butter oder Margarine
80 g Zucker
Mark einer Vanillestange
3 Eier, 4 EL Wasser
80 g Mehl, 80 g Speisestärke
½ Päckchen Backpulver
Fett für die Form
Für die Füllung:
125 g Butter, 125 g Zucker
4 Eigelb, 1 Beutel Citro-back
Außerdem:
Saft einer großen Zitrone
Für den Guß:
250 g Puderzucker, 2½ EL Zitronensaft
Zum Garnieren:
7 kandierte Zitronenscheiben
einige gehackte Pistazien

Butter oder Margarine, Zucker und Vanillemark schaumig schlagen. Nacheinander die Eier und das Wasser zugeben. Alles cremig schlagen. Mehl, Speisestärke und Backpulver unterrühren. Eine Springform (26 cm Durchmesser) einfetten und die Teigmasse hineingeben. Obenauf glattstreichen. Die Form in dem vorgeheizten Backofen (untere Schiebeleiste) bei 200 Grad (Elektro) oder Stufe 3 (Gas) 45 Minuten backen. Tortenboden aus der Form lösen, abkühlen lassen. Mit einem scharfen Messer zweimal durchschneiden. Für die Füllung in einem Topf Butter zerlassen, Zucker zufügen. Mit dem Rührbesen des Handrührgerätes verrühren und bei schwacher Hitze schlagen. Eigelb nach und nach zugeben, ebenso das Citro-back. So lange schlagen, bis die Masse dickcremig ist und hochkommt. Den Topf von der Herdplatte nehmen und abkühlen lassen. Zwischendurch öfter umrühren. Die Creme auf den ersten und zweiten Boden streichen. Mit dem dritten Boden abdecken. Zitronensaft darüberträufeln. Für den Guß Puderzucker und Zitronensaft verrühren. Den Guß auf der Torte verteilen, Rand glattstreichen. Die Torte garnieren.

Himbeertorte

250 g frische vorbereitete Himbeeren
6 Blatt rote Gelatine
¼ l kalte Milch
2 Beutel Schlag-fit
1 Beutel Fruchtsaftgetränk
1 TL Zitronensaft
100 g Zucker
2 Gläser (je 2 cl) Himbeergeist
1 fertiger Biskuit-Tortenboden

Die Himbeeren einzuckern (einige zum Garnieren zurücklassen). Die Gelatine in kaltem Wasser einweichen, ausdrükken und bei kleiner Hitze im Wasserbad auflösen. Schlag-fit in die Milch geben und steif schlagen. Fruchtsaftgetränk und Zucker einrieseln lassen. Zitronensaft und Himbeeren daruntermischen. Die aufgelöste Gelatine und den Himbeergeist darunterschlagen. Den Tortenboden auf eine Tortenplatte legen. Einen Tortenring darumlegen. Die Himbeermasse einfüllen (etwas zum Garnieren in einen Spritzbeutel mit Sterntülle geben, kühl stellen) und obenauf glattstreichen. Die Torte in den Kühlschrank stellen und etwa 2–3 Stunden fest werden lassen. Dann den Tortenrand abnehmen und die Torte mit Himbeeren und Schlag-fit-Tupfen garnieren.

TIP
Statt des Tortenringes aus Kunststoff, den es fertig zu kaufen gibt, kann man selbstverständlich auch den Ring einer Springform nehmen. Den Ring sollte man dann von innen mit sehr wenig Öl bestreichen.

Kirsch-Sahnetorte

1 Packung tiefgefrorener Blätterteig (300 g)
Mehl zum Ausrollen
1 Glas Sauerkirschen (450 g)
120 g Zucker
1 Päckchen Vanillinzucker
½ l Sahne, 6 Blatt rote Gelatine
Puderzucker zum Bestäuben

Blätterteig bei Zimmertemperatur auftauen lassen. Je zwei Teigscheiben übereinanderlegen und ausrollen. 2 Tortenböden (26 cm Durchmesser) ausschneiden. Die Teigreste zusammen mit der fünften Teigscheibe ausrollen. Daraus den dritten Tortenboden herstellen. Die Böden auf ein mit Pergamentpapier ausgelegtes Blech setzen, mit einer Gabel einstechen und 15 Minuten ruhen lassen. Den Teig auf der mittleren Schiebeleiste des vorgeheizten Ofens bei 220 Grad (Elektro) oder Stufe 4 (Gas) hellbraun backen.
Sauerkirschen abtropfen lassen (einige zurücklassen) und mit Zucker und Vanillinzucker bestreuen. Die Sahne steif schlagen. Gelatine in kaltem Wasser einweichen, ausdrücken, im heißen Wasserbad auflösen und in die Schlagsahne rühren. ⅔ der Sahne mit abgetropften Kirschen mischen. Erst den unteren Boden mit der Hälfte der Kirschsahne bestreichen, den zweiten Blätterteigboden darauflegen, restliche Kirschsahne darübergeben. Mit der restlichen Sahne den dritten Boden bestreichen. Die Torte zwei Stunden kühl stellen. Dann mit einem sehr scharfen langen Messer in 12 Tortenstücke schneiden. Die Tortenstücke mit Puderzucker bestäuben und mit Kirschen garnieren.

Stachelbeertorte

1 Paket Backmischung Sandkuchen
knapp 200 g Butter oder Margarine
3 große Eier, Fett für die Form
500 g Stachelbeeren aus dem Glas
175 g Puderzucker
½ l Sahne
6 Blatt weiße Gelatine
⅛ l Sahne zum Garnieren

Backmischung, weiche Butter oder Margarine und die Eier in eine Schüssel geben. Mit dem Rührbesen des Handrührgerätes auf Schaltstufe 1 kurz verrühren, dann bei höchster Schaltstufe 3–4 Minuten cremig schlagen. Den Boden einer Springform (26 cm Durchmesser) einfetten. Den Teig hineinfüllen und in dem vorgeheizten Backofen (untere Schiebeleiste) bei 175 Grad (Elektro) oder Stufe 2 (Gas) 70–80 Minuten backen. Den Kuchen aus der Form lösen und auf einem Kuchengitter auskühlen lassen. Die Stachelbeeren abspülen (einige für die Garnierung zurücklassen) und gut abtropfen. Die Stachelbeeren in eine Schüssel geben, mit Puderzucker bestreuen. Zugedeckt 20 Minuten stehen lassen. Gelatine in kaltem Wasser einweichen, ausdrücken und im Wasserbad bei kleiner Hitze auflösen. Leicht abkühlen und unter die steif geschlagene Sahne heben.
Den Tortenboden waagerecht halbieren. Ein Drittel der Sahne daraufstreichen. Die gut abgetropften Stachelbeeren (den Saft auffangen und anderweitig verwenden) mit dem zweiten Drittel der Sahne mischen und auf die Sahneschicht streichen. Darüber die restliche Sahne verteilen. Mit dem Tortenboden exakt abdecken. Sahne steif schlagen. Damit die Torte und den Rand gleichmäßig dünn bestreichen. Mit den restlichen Stachelbeeren garnieren.

Kirsch-Schnitten

1 Glas Sauerkirschen (450 g)
2 Glas (je 2 cl) Cointreau
Für den Teig:
4 Eiweiß, 2 EL kaltes Wasser
120 g Zucker, 1 Päckchen Vanillinzucker
30 g Speisestärke, 4 Eigelb
60 g Mehl, 30 g Kakao
1 gestrichener TL Backpulver
6 TL Kirschwasser
Rezept Mürbeteig (S. 13)
Fett für das Blech
Für die Füllung:
½ l Sahne
2 Päckchen Sahnefestiger
Belegkirschen und Borkenschokolade zum Garnieren

Kirschen auf einem Sieb gut abtropfen lassen, in eine Schüssel geben und mit 2 Glas Cointreau beträufeln. Für den Teig Eiweiß und Wasser steif schlagen. Zukker und Vanillinzucker einrieseln lassen. Eigelb unterheben. Speisestärke, Mehl, Backpulver und Kakao darüber geben. Vorsichtig unterheben. Backblech leicht einfetten, mit Pergamentpapier belegen und auch leicht einfetten. Den Teig daraufstreichen. Das Blech im vorgeheizten Backofen (mittlere Schiebeleiste) bei 220 Grad (Elektro) oder Stufe 4 (Gas) etwa 12 Minuten backen. Das Papier sofort abziehen. Die ausgekühlte Teigplatte waagerecht halbieren und auf Kuchengröße zurechtschneiden, mit Kirschwasser beträufeln. Den auf einem Blech gebackenen Mürbeteig auf die Größe des Biskuitsteiges zurechtschneiden. Für die Füllung Sahne und Sahnefestiger steifschlagen. Etwas Sahne in einen Spritzbeutel mit Sterntülle füllen. Kühlstellen. Die abgetropften Kirschen unter die Sahne mischen. Die Kirschsahne auf den beiden unteren Teigplatten verteilen, den Kuchen zusammensetzen. Oben und an den Rändern dünn mit Sahne bestreichen, mit geraspelter Borkenschokolade, Sahnetupfen und Belegkirschen garnieren.

Kiwi-Torte

Für den Teig:
250 g Mehl, 1 Prise Salz
70 g Zucker
125 g Butter oder Margarine, 1 Ei
Für die Füllung:
10 Blatt weiße Gelatine
200 g Magerquark
2 Eigelb, 150 g Zucker
Saft und abgeriebene Schale
einer Zitrone
Öl für die Form
12–15 Kiwifrüchte, ½ l Sahne

Mehl auf die Arbeitsfläche geben. In die Mitte eine Mulde drücken. Dahinein kommen Zucker, Salz, Ei und auf den Rand Fettflöckchen. Alles schnell zu einem Mürbeteig verkneten. 20 Minuten kühl stellen.
Mit ⅔ des Teiges den Boden einer Springform (24 cm Durchmesser) auslegen. Aus dem restlichen Teig einen etwa 3–4 cm breiten Rand ausrollen und auf dem Boden leicht festdrücken. Den Boden mehrere Male einstechen. In den vorgeheizten Backofen stellen (untere Schiebeleiste) und bei 200 Grad (Elektro) oder Stufe 3 (Gas) etwa 12–15 Minuten backen. Herausnehmen und auskühlen lassen.
Für die Füllung die Gelatine in kaltem Wasser einweichen. Quark, Eigelb, Zukker, Zitronensaft und abgeriebene Schale gut verrühren. Gelatine ausdrücken und auflösen. Teelöffelweise zum Quark geben. Die Kiwis schälen und in Scheiben schneiden. 12 Kiwischeiben für die Garnierung zurücklegen. Den Mürbeteigboden dicht mit Kiwifrüchten belegen. Darüber die Hälfte der Quarkmasse verteilen. Darüber wiederum eine Schicht Kiwischeiben geben. Eventuell auch zwei Schichten übereinander legen. Mit der restlichen Quarkmasse bestreichen. 12 Tortenstücke markieren. Jedes Stück mit einer Kiwischeibe garnieren. Die Torte 3–4 Stunden im Kühlschrank erstarren lassen.

Eistorte mit Baiser

1 dreiteiliger heller Biskuittortenboden
1 Glas Nutella
⅛ l Sahne
1 Packung Vanille-Eiscreme (1000 ml)
Für die Baisermasse:
3–4 Eiweiß
200 g feiner Zucker
Schokoladenstreusel zum Garnieren

Den dreiteiligen Biskuitboden auseinanderlegen. Nutella und Sahne in eine Schüssel geben und mit dem Rührbesen des Handrührgerätes auf Schaltstufe 1 bis 2 verrühren. Mit der Schokoladenmasse die drei Böden bestreichen. Die Vanille-Eiscreme in Scheiben schneiden und die bestrichenen Schokoladenflächen damit schuppenartig belegen. Alle Böden exakt wieder aufeinander setzen. In den Kühlschrank stellen.
Für die Baisermasse das Eiweiß mit dem Rührbesen des Handrührgerätes sehr steif schlagen. Dabei Zucker einrieseln lassen. Der Eischnee muß schnittfest sein. Dann in einen Spritzbeutel mit Sterntülle füllen. Den Eischnee spiralenförmig auf das Eis spritzen. Die Schokoladenstreusel darüber verteilen. Die Torte unter den vorgeheizten Grill stellen und 2–3 Minuten goldgelb überbacken. Eistorte sofort servieren.

TIP
Statt der Nutella-Masse kann man die Biskuitböden auch mit verrührter Marmelade je nach Geschmack bestreichen. Dann sollte man auch die jeweilige Eiscreme dazu auswählen. So beispielsweise zu Erdbeermarmelade eine Fürst-Pückler-Eiscreme oder Rum-Krokant. Auch Maracuja-Vanille-Eiscreme wäre zu einer passenden Marmelade oder auch Schoko-Orange-Eiscreme zu Orangenmarmelade sehr schmackhaft.

Heidelbeertorte

Für den Teig:
3 Eiweiß, 3 EL Wasser
150 g Zucker
1 Päckchen Vanillinzucker
3 Eigelb, 65 g Mehl
65 g Speisestärke
1 gestrichener TL Backpulver
Für die Füllung:
750 g Heidelbeeren
100 g Zucker, ¾ l Sahne
1 EL Zucker
1 Päckchen Vanillinzucker
1 Päckchen klarer Tortenguß
3 Päckchen Sahnesteif
Zum Garnieren:
40 g gehobelte Mandeln

Eiweiß und Wasser in einer Schüssel steifschlagen. Zucker und Vanillinzukker einrieseln lassen. Eigelb unterheben. Mehl, Speisestärke und Backpulver darüber geben. Vorsichtig unterheben. In den vorgeheizten Backofen (unterste Schiebeleiste) stellen und bei 175 Grad (Elektro) oder Stufe 2 (Gas) etwa 25 Minuten backen. Auf ein Kuchengitter stellen und ganz auskühlen lassen. Heidelbeeren abspülen, abtropfen, mit Zukker bestreuen und zugedeckt stehen lassen.
Den Biskuitboden zweimal waagerecht durchschneiden. Sahne, Sahnesteif, Zucker und Vanillinzucker steifschlagen. Die Heidelbeeren abtropfen lassen, den Saft auffangen. Ein Drittel der Früchte auf den unteren Boden geben und mit Sahne überziehen. Die zweite Biskuitplatte darüber legen, wiederum mit Früchten und Sahne bestreichen und mit der letzten Biskuitplatte abdekken. Diese ebenso belegen. Etwas Sahne für den Rand zurückbehalten. Heidelbeersaft auf ¼ l Flüssigkeit auffüllen. Den Tortenguß nach Anweisung darin auflösen und auf der Tortenoberfläche verteilen. Den Rand der Torte mit Sahne bestreichen, mit Sahnetupfen und Mandeln garnieren.

Käse-Sahnetorte

Für den Kuchen:
1 doppelter Biskuitboden
½ Glas Zitronenkonfitüre
Für den Belag:
½ l Sahne
10 gehäufte TL san-apart (75 g)
500 g Magerquark, 1 EL Zucker
1 Päckchen Vanillinzucker
Puderzucker zum Bestäuben

Den Tortenboden in der Mitte einmal waagerecht durchschneiden. Den unteren Boden mit verrührter Zitronenkonfitüre bestreichen. Für die Füllung die Sahne und 4 Teelöffel san-apart in einer Schüssel steif schlagen. Quark, Zucker und Vanillinzucker glattrühren. Mit der Sahne und 6 weiteren Teelöffeln san-apart verrühren.

Um den Biskuitboden einen Tortenring oder einen Springformring legen und die Quarkcreme einfüllen. Obenauf glattstreichen. Den zweiten Boden in 12 Stücke teilen und exakt auf die Quarkcremefläche legen. Die Oberfläche dick mit Puderzucker bestäuben. Die Torte eine Stunde kühl stellen und dann die Tortenstücke ganz durchschneiden.

TIP
San-apart ist ein natürliches Stabilisationsmittel für Schlagsahne, Tortenfüllungen, Buttercreme und auch gerührte Teige. Hier noch ein Creme-Rezept: Je 125 g Butter und Margarine gut verrühren. San-apart, Ei, Vanillinzucker und 200 ccm kaltes Wasser miteinander verrühren und in das schaumig gerührte Fett geben. Wenn für die Creme nur Margarine verwendet wird, ist sie noch lockerer.

Pfirsich-Sahne-Torte

Für den Teig:
4 Eier, 8 EL kaltes Wasser
1 Beutel biskuit-apart
200 g Zucker, 150 g Mehl
75 g Speisestärke
1 gestrichenen TL Backpulver
50 g flüssige Butter oder Margarine
Für die Füllung:
½ Dose Pfirsichhälften
750 g Speisequark (20% Fett)
5 EL Wasser, 3 EL Zucker
2 Päckchen Vanillinzucker
¼ l Sahne
2 TL san-apart und 3 EL san-apart
Puderzucker zum Bestäuben

Die Eier, Wasser, biskuit-apart und Zukker in ein hohes Gefäß geben. Mit dem Rührbesen des elektrischen Handrührgerätes 5 Minuten luftig aufschlagen. Mehl, Speisestärke und Backpulver zugeben. Bei niedrigster Schaltstufe unterrühren. Das zerlassene Fett ebenfalls zugeben. Den Teig in eine wenig eingefettete Springform (26 cm Durchmesser) geben und in den vorgeheizten Backofen (mittlere Schiebeleiste) stellen. Bei 200 Grad (Elektro) oder Stufe 3 (Gas) etwa 30 Minuten backen. Den Formenrand lösen und den Kuchen auf ein Kuchengitter stürzen. Auskühlen lassen. Einen 1 cm dicken Tortendeckel abschneiden und diesen in 16 Tortenstükke teilen. Den Springformrand um die Torte stellen. Den Boden mit san-apart bestreuen und mit abgetropften 6 Pfirsichhälften belegen. Speisequark, Wasser, Zucker und Vanillinzucker verrühren. Sahne und 2 Teelöffel san-apart steif schlagen und zusammen mit nochmals 3 Eßlöffeln san-apart unter den Quark heben. Damit die Pfirsiche bedecken. Die vorgeschnittenen Tortenstücke auf die Creme setzen. Die Torte dick mit Puderzucker bestäuben. Dann den Rand abnehmen.

Johannisbeertorte

Für den Teig:
1 Paket Backmischung Sandkuchen
175 g weiche Margarine (Sanella)
3 Eier
Für die Füllung:
500 g rote Johannisbeeren
125 g Zucker, 3/8 l Sahne
50 g Zucker, 5 Blatt weiße Gelatine
3 EL Zitronensaft
Für Guß und Garnierung:
1 Päckchen klarer Tortenguß
1/8 l Sahne
1 Päckchen Vanillinzucker
1/2 Päckchen Sahnesteif

Backmischung, Margarine, Eier in eine Schüssel geben und mit dem Rührbesen des Handrührgerätes kurz verrühren, dann bei höchster Schaltstufe 3–4 Minuten cremig rühren. Dann in eine mit gefettetem Pergamentpapier ausgelegte Springform (24 cm Durchmesser) füllen. Im vorgeheizten Backofen (untere Schiebeleiste) bei 150–175 Grad (Elektro) oder Stufe 1–2 (Gas) etwa 20 Minuten backen. Nach etwa 10 Minuten den Kuchen aus der Form nehmen, das Papier abziehen und den Kuchen auf einem Kuchengitter auskühlen lassen. Die Johannisbeeren und den Zucker mischen und gut durchziehen lassen. Auf einem Sieb abtropfen lassen und den Saft auffangen. 3/8 l Sahne und Zucker in einer Schüssel steif schlagen. Die aufgelöste Gelatine teelöffelweise unter die Sahne rühren. Die abgetropften Johannisbeeren (einige zurücklassen) unter die Sahne haben.
Den Tortenboden in der Mitte einmal waagerecht durchschneiden und mit Johannisbeersahne füllen. Den Johannisbeer- und Zitronensaft mit Wasser auf 1/4 l auffüllen. In einen kleinen Topf geben und mit Tortenguß binden. Die Torte damit überziehen. 1/8 l Sahne, Vanillinzucker und Sahnesteif schlagen und die abgekühlte Torte damit garnieren. Einige übriggelassene Johannisbeeren obenauf legen.

Geburtstagstorte für Kinder

Für die Torte:
1 Packung Wiener Tortenböden, dreiteilig, hell oder dunkel
Für die Creme:
1/2 l Milch, 3 EL Zucker
1 Päckchen Vanille-Puddingpulver
250 g Butter oder Margarine
3 EL Erdbeer-Dessertsauce
5 EL Schokoladen-Dessertsauce
Zum Garnieren:
1 Packung Plätzchenschmuck (175 g)
1 Packung Zuckerschrift

Die Tortenböden auseinanderlegen. Für die Creme Puddingpulver in genügend kalter Milch verrühren, die restliche Milch und Zucker zum Kochen bringen. Das Puddingpulver einrühren, kurz aufkochen und die Masse unter häufigem Umrühren erkalten lassen. In der Zwischenzeit Butter oder Margarine schaumig schlagen. Danach die erkaltete Puddingmasse löffelweise darunterziehen. Die halbe Cememasse abnehmen und nach und nach die Erdbeersauce untermischen. Unter die restliche Masse löffelweise die Schokoladensauce rühren. Die Creme einige Zeit kühl stellen. Auf einen Tortenboden die Erdbeercreme streichen und von der Schokoladencreme 1/3 auf dem zweiten Boden verteilen. Auf den mit Schokoladencreme bestrichenen Boden den mit Erdbeercreme bestrichenen legen und einen dritten Boden darauf decken. Oberfläche und Rand der Torte mit der restlichen Creme bestreichen und nach Belieben mit Plätzchen-Schmuck und Zuckerschrift garnieren.

Nimm Plätzchen

Kleinigkeiten
zum Naschen und Knabbern

Terrassen-Kekse

Für den Teig:
200 g Mehl
2 Eigelb
abgeriebene Schale einer Zitrone oder
1 Beutel Citro-back
150 g gemahlene Mandeln
100 g Zucker
1 Päckchen Vanillinzucker
Für die Füllung:
150 g Nutella (Nougat-Nußcreme)
Zum Bestäuben:
Puderzucker

Das Mehl auf ein Backbrett geben. In die Mitte eine Mulde drücken. Eigelb, Zitronenschale oder Citro-back, Mandeln, Zucker und Vanillinzucker dazugeben. Mit kühlen Händen zu einem glatten Teig verarbeiten. Diesen Teig zu einer Kugel kneten und zugedeckt 2 Stunden kühl stellen.
Den Teig auf einer bemehlten Arbeitsfläche ausrollen. In drei verschiedenen Größen Plätzchen ausstechen oder mit einem Kuchenrädchen ausradeln. Auf ein gefettetes, mit Mehl bestäubtes Backblech legen. In den vorgeheizten Backofen (untere Schiebeleiste) setzen und bei 180–200 Grad (Elektro) oder Stufe 3 (Gas) etwa 8–10 Minuten backen. Nach dem Erkalten die Plätzchen mit Nutella bestreichen und zusammensetzen. Die Terrassen-Kekse dick mit Puderzucker bestreuen.

TIP
Statt mit Puderzucker können die Terrassenplätzchen auch mit einem hellen oder dunklen Guß bestrichen werden. Sollten die Terrassen-Kekse auf Vorrat gebacken werden, so ist es ratsam, sie erst vor dem Servieren mit Nutella zu bestreichen, weil die Kekse sich ohne Füllung besser aufbewahren lassen. Auch den Puderzucker erst kurz vorher darübersträuben. Kekse halten sich in einer dicht verschlossenen Blechdose am längsten frisch.

Orangenschnitten

Für den Teig:
250 g Mehl
75 g feinster Zucker
1 gestrichener TL Backpulver
1 Ei, 125 g Butter
Für die Füllung:
125 g gehackte Mandeln
150 g Zucker
Saft und abgeriebene Schale einer Orange
Für die Glasur:
100 g Puderzucker
1–2 EL Orangensaft
Zum Garnieren:
30 g abgezogene Mandeln

Mehl, Zucker und Backpulver auf einem Backbrett mischen. In die Mitte eine Vertiefung drücken. Ei in die Mitte und Butter in Flöckchen auf den Rand geben. Alles zu einem glatten Teig verkneten und kühl stellen.
Für die Füllung die Mandeln, Zucker und Orangenschale mischen und so viel Saft hineinrühren, daß die Masse streichfähig wird. Den Teig in zwei Hälften teilen. Die eine Hälfte auf einem gefetteten Backblech zu einem Rechteck (25 × 30 cm) ausrollen und mit der Füllung bestreichen. Einen 1 cm breiten Rand freilassen. Die andere Hälfte des Teiges auf einem Stück Pergamentpapier zu einem zweiten Rechteck in Größe des ersten Rechtecks ausrollen und das erste Teigstück damit bedecken. Die Ränder fest andrücken. Die Fläche einige Male mit einer Gabel einstechen. Auf ein wenig gefettetes und mit Mehl bestäubtes Backblech setzen. In den vorgeheizten Backofen (untere Schiebeleiste) setzen und bei 180–200 Grad (Elektro) oder Stufe 3 (Gas) etwa 20–25 Minuten backen. Den heißen Kuchen mit Glasur bestreichen. Dazu den Puderzucker sieben und mit Orangensaft verrühren. Den Kuchen dann damit bestreichen und in Stücke schneiden. Jeweils eine abgezogene Mandel auf die Stücke legen.

Geleeringe

Für den Teig:
250 g Mehl
1 gestrichener TL Backpulver
70 g Zucker, 1 Ei
abgeriebene Schale einer Zitrone
1 Prise Salz
125 g Butter oder Margarine
Für die Füllung:
Johannisbeer-, Himbeer- oder Orangengelee
Zum Garnieren:
Puderzucker

Mehl und Backpulver mischen und auf ein Backbrett geben. In die Mitte eine Vertiefung drücken. Zucker, Ei, Zitronenschale und Salz hineingeben. Das Fett in Flöckchen obenauf verteilen. Alle Zutaten gut miteinander mischen und zu einer Kugel formen.
Zugedeckt 30 Minuten ruhen lassen. Dann den Teig dünn ausrollen und runde Plätzchen ausstechen. Die Hälfte davon sollen Ringe sein. Plätzchen und Ringe auf ein gefettetes, mit Mehl bestäubtes Backblech setzen. In den vorgeheizten Backofen (unterste Schiebeleiste) setzen und bei 180–200 Grad (Elektro) oder Stufe 3 (Gas) 8–10 Minuten backen. Dann auf einem Kuchengitter abkühlen lassen. Die Plätzchen mit Gelee bestreichen und die mit Puderzucker bestäubten Ringe daraufsetzen.

TIP
Dieses Gebäck eignet sich auch für die Vorratshaltung. Dann sollten Sie jedoch die Kekse noch nicht mit Gelee bestreichen, da sie sonst zusammenkleben. Am besten Sie legen die Kekse in eine Metalldose. Zwischen die Keksschichten immer eine Lage Pergamentpapier oder Alufolie legen. Erst kurz vor dem Servieren mit Gelee oder Marmelade bestreichen.

Linzer Törtchen

Für den Teig:
375 g Mehl
250 g feinster Zucker
2 Eier
250 g gemahlene Mandeln
250 g Butter oder Margarine
abgeriebene Schale einer Zitrone
1 Päckchen Vanillinzucker
1 Prise Salz
Zum Bestreichen:
1 Eiweiß
Zum Bestreuen:
Hagelzucker
Für die Füllung:
Johannisbeer-, Erdbeer- oder Kirschmarmelade

Mehl auf ein Backbrett geben, in die Mitte eine Mulde drücken. Zucker, Eier und Gewürze hineingeben. Die Butter oder Margarine in Flöckchen darüber verteilen. Die Mandeln obenauf streuen. Alle Zutaten von der Mitte aus zu einem glatten Teig verkneten, eine Kugel formen und für 60 Minuten kühl stellen. Dann den Teig auf einer bemehlten Fläche etwa 4 mm dick ausrollen. Von der Hälfte runde Plätzchen, vom restlichen Teig Ringe ausstechen. Die Ringe mit Eiweiß bestreichen und mit Hagelzucker bestreuen. Plätzchen und Ringe auf ein gefettetes, mit wenig Mehl bestäubtes Backblech legen. Im vorgeheizten Backofen (unterste Schiebeleiste) bei 180–200 Grad (Elektro) oder Stufe 3 (Gas) etwa 8–12 Minuten backen. Die Plätzchen auskühlen lassen und mit Marmelade bestreichen. Die Ringe daraufsetzen.

TIP
Linzer Ringe macht man so:
Aus dem Teig nur Ringe ausstechen. Die Hälfte der Menge mit Eiweiß bestreichen und mit Hagelzucker bestreuen. Nach dem Backen jeweils zwei Ringe mit der gewünschten Marmelade zusammensetzen.

Flockenplätzchen

Für den Teig:
125 g Butter
125 g Zucker
1 Eigelb
250 g Blütenzarte Köllnflocken
50 g gemahlene Mandeln
1 TL Backpulver
etwas abgeriebene Zitronenschale
1 Eiweiß
Zum Bestreichen:
1 Eigelb

Butter, Zucker und Eigelb in einer Schüssel schaumig rühren. Köllnflokken, Mandeln, Backpulver und Zitronenschale zugeben, Eiweiß steif schlagen und unter die Zutaten heben. Den Teig auf einer bemehlten Arbeitsfläche nicht zu dick ausrollen und Plätzchen ausstechen. Die Plätzchen auf ein gefettetes, leicht bemehltes Backblech setzen und im vorgeheizten Backofen (unterste Schiebeleiste) bei 190 Grad (Elektro) oder Stufe 2–3 (Gas) etwa 15 Minuten backen.

Kernige Plätzchen

250 g Butter oder Margarine
500 g Köllns Kernige
250 g Zucker
2–3 Eier
50 g Mehl
1 TL Backpulver

Das Fett in einem Topf erhitzen. Köllns Kernige zugeben, gut umrühren und abkühlen lassen.
Inzwischen Eier und Zucker schaumig schlagen. Mehl und Backpulver mischen und zusammen mit der Fettmischung unterrühren. Von diesem Teig mit zwei Teelöffeln kleine Häufchen auf ein gefettetes und mit Mehl bestäubtes Backblech setzen. Im vorgeheizten Backofen (unterste Schiebeleiste) bei 180–190 Grad (Elektro) oder Stufe 2–3 (Gas) etwa 15 Minuten backen. Die Plätzchen sollen hellgelb und noch weich sein. Sofort vom Blech nehmen.

TIP
Sie können den Zucker auch durch Honig ersetzen. Nehmen Sie etwas weniger als die für den Zucker angegebene Menge und backen Sie die Plätzchen etwas länger. Besonders gut schmecken Haferplätzchen, wenn Sie einige Eßlöffel in Rum eingeweichte Rosinen unter den Teig mischen.

Schwarz-Weiß-Gebäck

Für den hellen Teig:
250 g Mehl
125 g Butter oder Margarine
80 g feinster Zucker
1 Ei
abgeriebene Schale einer Zitrone
Für den dunklen Teig:
2 EL Kakao
2 EL Milch
1 EL Zucker

Mehl, Butter oder Margarine, Zucker, Ei und Zitronenschale schnell zu einem Teig verkneten. Den Teig in zwei Hälften teilen. In die eine Hälfte zusätzlich Kakao, Milch und Zucker kneten. Je einen Teil des dunklen und hellen Teiges dünn ausrollen, dann beide Teigplatten aufeinanderlegen und fest zusammenrollen. 30–60 Minuten in den Kühlschrank legen. Restlichen hellen und dunklen Teig je ½ cm dick ausrollen. In 3 cm breite Streifen schneiden und 4 Teigschichten abwechselnd übereinanderlegen. Diesen Teigblock mit dunklem Teig umhüllen und kalt stellen. Teigrolle und Teigblock in ½ cm dicke Scheiben schneiden. Auf ein leicht gefettetes und wenig mit Mehl bestäubtes Backblech legen. In den vorgeheizten Backofen, (unterste Schiebeleiste) setzen. Bei 175–200 Grad (Elektro) oder Stufe 3 (Gas) etwa 10–12 Minuten backen.

TIP
Es ist ratsam, den Teig nach jedem Arbeitsgang in den Kühlschrank zu legen, da er viel Fett enthält und immer wieder sehr schnell weich wird.
Auch die gebackenen Kekse kühl lagern, da sie sonst schnell ranzig werden. Im allgemeinen besteht aber die Gefahr nicht: sie werden viel zu schnell aufgegessen. Dafür schmecken sie zu gut.

Gewürzplätzchen

Für den Teig:
500 g Mehl
2 TL Backpulver
250 g Butter oder Margarine
200 g brauner Zucker (Kandisfarin)
50 g gemahlene Mandeln
2 Eier
je ½ TL Zimt, Nelken
Kardamom und Anis
Für die Glasur:
250 g Puderzucker
1 Eiweiß
2–3 EL heißes Wasser oder
heiße Milch
Zum Garnieren:
abgezogene, halbierte Mandeln oder
Haselnußkerne
Hagelzucker

Mehl und Backpulver mischen. Auf ein Backbrett geben. In die Mitte eine Vertiefung drücken. Braunen Zucker, Mandeln, Eier und die Gewürze hineingeben. Darauf das in Flöckchen geschnittene Fett geben. Alle Zutaten zu einem glatten Teig verkneten und zu einer Kugel formen. 60 Minuten kühl stellen. Dann den Teig messerdick ausrollen und verschiedene Kreise ausstechen. Eigelb verquirlen und einige Plätzchen damit bestreichen. Mit Hagelzucker dick bestreuen.
Auf ein mit wenig Fett bestrichenes Backblech setzen und in den vorgeheizten Backofen (unterste Schiebeleiste) setzen. Bei 175–200 Grad (Elektro) oder Stufe 3 (Gas) etwa 12–15 Minuten backen. Dann abkühlen lassen und die nicht garnierten Plätzchen mit Guß bestreichen. Dafür Puderzucker in eine Schüssel sieben, mit Eiweiß, heißem Wasser oder Milch verrühren. Damit die Plätzchen bestreichen und mit einer Mandel oder Nuß garnieren und mit Hagelzucker bestreuen.

Spritzgebäck

Für den Teig:
75 g Butter, 1 Eigelb, 1 Ei
125 g feinster Zucker
abgeriebene Schale einer
halben Zitrone
250 g Mehl
Zum Bestreichen:
1 Eigelb
Zum Bestreuen:
Hagelzucker

Butter in einer Schüssel schaumig rühren. Nach und nach das Eigelb, Ei und Zucker zugeben. Dann die Zitronenschale und das Mehl unterrühren. Den Teig in einen Spritzbeutel mit glatter Tülle füllen und S-Formen auf ein gefettetes, mit wenig Mehl bestäubtes Backblech spritzen. Die Gebäckformen mit verquirltem Eigelb bestreichen und mit Hagelzucker bestreuen. In den vorgeheizten Backofen (untere Schiebeleiste) setzen. Bei 175–190 Grad (Elektro) oder Stufe 3 (Gas) 12–15 Minuten backen.

Eierplätzchen

Für den Teig:
250 g Mehl
2 gestrichene TL Backpulver
200 g feinster Zucker
abgeriebene Schale einer halben Zitrone
3 Eigelb
125 g Butter oder Margarine
50 g gemahlene Mandeln
Zum Garnieren:
abgezogene halbe Mandeln

Alle Zutaten zu einem Teig verkneten und mindestens 60 Minuten kühl stellen. Dann messerrückendick ausrollen und kleine, runde Formen ausstechen. Die Plätzchen mit einer halben Mandel belegen. In den vorgeheizten Backofen (unterste Schiebeleiste) setzen. Bei 200 Grad (Elektro) oder Stufe 3 (Gas) 12–15 Minuten backen. Herausnehmen und abkühlen lassen.

Spitzbuben

400 g Mehl
200 g Butter oder Margarine
3 Eigelb
100 g Zucker
1 Päckchen Vanillinzucker
abgeriebene Schale und Saft einer Zitrone
50 g gemahlene Haselnüsse
Für die Füllung:
½ Glas Nutella
1 kleines Glas (2 cl) Weinbrand
1 Tasse Puderzucker

Das Mehl auf ein Backbrett geben. In die Mitte eine Mulde drücken. Fettflöckchen auf dem Rand verteilen. Eigelb, Zucker, Vanillinzucker, Zitronenschale und -saft und Nüsse in die Mitte geben. Alle Zutaten zu einem Teig verkneten. Eine Kugel formen und in Pergamentpapier in den Kühlschrank legen. Dann den Teig auf einer bemehlten Arbeitsfläche ausrollen und Plätzchen und Ringe auf ein leicht gefettetes, mit wenig Mehl bestäubtes Backblech setzen. Das Blech in den vorgeheizten Backofen (mittlere Schiebeleiste) setzen. Bei 200 Grad (Elektro) oder Stufe 3 (Gas) etwa 10–12 Minuten backen. Die Plätzchen und Ringe mit einem Tortenheber vorsichtig vom Blech nehmen, auf einem Kuchengitter abkühlen lassen.
Für die Füllung Nutella, Weinbrand und Puderzucker verrühren. Die Plätzchen damit bestreichen und die mit Puderzucker bestäubten Ringe daraufsetzen.

Noch eine Idee: Die Ringe können obenauf auch mit einem Zucker- oder Schokoladenguß bestrichen werden.
Sehr lustig sehen die Spitzbuben auch aus, wenn die Ringe mit Eiweiß bestrichen und mit buntem Zucker oder mit kleinen Silber- oder Goldperlen garniert werden. Auch mit Schokoladenstreuseln können die Spitzbuben bestreut werden.

Nußstreifen

Für den Teig:
200 g Butter oder Margarine
150 g feinster Zucker
1 Päckchen Vanillinzucker
3 Eier, 100 g Mondamin, 150 g Mehl
2 gestrichene TL Backpulver
abgeriebene Schale einer Zitrone
Zum Bestreuen:
100 g geriebene Haselnußkerne
75 g Hagelzucker

Das Fett schaumig rühren. Zucker, Vanillinzucker, Eier, Mondamin, Backpulver, Mehl und Zitronenschale unterrühren. Den Teig etwa 1 cm dick gleichmäßig auf das eingefettete Blech streichen. Mit Haselnüssen und Hagelzukker bestreuen. Das Blech in den vorgeheizten Backofen, (mittlere Schiebeleiste) setzen und bei 180–200 Grad (Elektro) oder Stufe 3 (Gas) 18–20 Minuten backen. In Streifen schneiden.

Finnisches Kaffeebrot

Für den Teig:
200 g Butter oder Margarine
60 g feinster Zucker, 1 Eigelb
1 EL heißes Wasser
6 bittere, feingehackte Mandeln
300 g Mehl
Zum Bestreichen:
1 EL Milch, 1 Eigelb
Zum Bestreuen:
Hagelzucker

Das Fett schaumig rühren. Nach und nach Zucker, Eigelb, Wasser und Mandeln unterrühren. Dann das Mehl unterkneten und den Teig kühlstellen.
Den Teig dann 1 cm dick ausrollen und mit einem Teigrädchen kleine Schnitten ausradeln. Milch mit Eigelb verquirlen und die Schnitten damit bestreichen. Mit Hagelzucker bestreuen. Im vorgeheizten Backofen (mittlere Schiebeleiste) bei 175–190 Grad (Elektro) oder Stufe 3 (Gas) 10–15 Minuten backen.

Sahne-Kringel

Für den Teig:
200 g Mehl, 100 g Butter
1 Becher (150 g) saure Sahne, Salz
Zum Bestreichen:
1 EL Wasser, 1 Eigelb
Hagelzucker zum Bestreuen

Das Mehl, kalte Butter, Sahne und Salz in eine Schüssel geben. Alles zu einem glatten Teig verkneten. Aus dem Teig eine Kugel formen, in Pergamentpapier einwickeln und 30 Minuten kühl stellen. Den Teig dann ½ cm dick ausrollen und Ringe in verschiedenen Größen ausstechen. Eigelb und Wasser verquirlen und die Teigringe damit bestreichen. Mit Hagelzucker bestreuen. Backblech wenig einfetten und mit Mehl bestäuben. Die Plätzchen darauflegen und das Blech in den vorgeheizten Backofen (mittlere Schiebeleiste) stellen. Bei 190–210 Grad (Elektro) oder Stufe 3–4 (Gas) etwa 10–12 Minuten backen.

Heidesand

250 g Butter
300 g feinster Zucker
1 Päckchen Vanillinzucker
375 g Mehl
1 gestrichener TL Backpulver

Die Butter zerlassen, nur schwach bräunen und wieder abkühlen lassen. Danach mit Zucker und Vanillinzucker schaumig rühren. Mehl und Backpulver zufügen und gut durchkneten. Aus dem Teig Rollen formen und kalt stellen. Dann knapp 1 cm dicke Scheiben abschneiden. Auf ein gefettetes, mit Mehl bestäubtes Backblech legen. Im vorgeheizten Backofen (mittlere Schiebeleiste) bei 180 Grad (Elektro) oder Stufe 2–3 (Gas) etwa 15–20 Minuten backen.

Nuß-Taler

Für den Teig:
200 g Butter oder Margarine
100 g brauner Zucker (Kandisfarin)
1 Ei, 2 EL Rum, 200 g Mehl
½ TL Kardamom, ½ TL Zimt
1 Messerspitze Muskatnuß
200 g gemahlene Haselnuß- oder Walnußkerne
100 g Grümmel
Für die Glasur:
250 g Puderzucker, 30 g Kakao
3–5 EL heißes Wasser oder Milch
25 g zerlassenes Kokosfett

Das Fett in einer Schüssel schaumig rühren. Nach und nach den Zucker, das Ei, den Rum und die Gewürze dazugeben. Dann das Mehl, die Nußkerne und den Grümmel unterkneten. Aus dem Teig runde Stangen formen und über Nacht in den Kühlschrank stellen. Von den Stangen etwa ½ cm dicke Scheiben schneiden. Auf ein wenig gefettetes und mit Mehl bestäubtes Backblech legen. In den vorgeheizten Backofen (unterste Schiebeleiste) stellen. Bei 180–200 Grad (Elektro) oder Stufe 3 (Gas) etwa 12–15 Minuten backen. Nach dem Backen mit der Schokoladenglasur bestreichen. Dafür Puderzucker, Kakao und heißes Wasser oder Milch zusammen mit zerlassenem Kokosfett verrühren und die Kekse damit bestreichen.

Warnemünder Kiesel

500 g Mehl
150 g Butter oder Margarine, 3–4 Eier
Saft und abgeriebene Schale einer Zitrone
1 TL Backpulver, 1 gestr. TL Kardamom
500 g Grümmel

Alle Zutaten verkneten; zuletzt den Grümmel unterkneten. Aus dem Teig walnußgroße Kugeln formen. Auf ein gefettetes Backblech setzen. Bei 175–190 Grad (Elektro) oder Stufe 3 (Gas) 10–15 Minuten backen.

Butterplätzchen

Für den Teig:
250 g Mehl
200 g Butter
100 g feinster Zucker
1 Eigelb
1 EL Rum
abgeriebene Schale einer halben Zitrone
Für die helle Glasur:
125 g Puderzucker
1 kleines Eigelb
1–2 EL Milch oder Wasser
Für die dunkle Glasur:
125 g Puderzucker
15 g Kakao
1–2 EL heiße Milch oder heißes Wasser
12 g Kokosfett, zerlassen
Zum Garnieren:
Mandelsplitter, Belegkirschen

Mehl, Butter in Flöckchen und Zucker auf ein Backbrett geben. In die Mitte eine Mulde drücken und das Eigelb, Rum und Zitronenschale hinzugeben. Alles mit einem breiten Messer zerhacken und zu einem glatten Teig verkneten. Zu einer Kugel formen und in Pergamentpapier gewickelt 30 Minuten kühlstellen. Dann den Teig 2–3 mm dick ausrollen und Plätzchen in beliebigen Formen ausstechen. Ein Backblech leicht einfetten und mit Mehl bestäuben. Die Plätzchen daraufsetzen. In den vorgeheizten Backofen (mittlere Schiebeleiste) setzen und bei 180–200 Grad (Elektro) oder Stufe 3 (Gas) 8–10 Minuten backen. Dann die Plätzchen vom Blech nehmen und auf ein Kuchengitter setzen. Für die Glasur Puderzucker, Eigelb, Milch oder Wasser in einer Schüssel verrühren und damit die Plätzchen bestreichen. Für die dunkle Glasur Puderzucker, Kakao, Milch oder Wasser und Kokosfett ebenfalls verrühren. In eine Pergamentpapiertüte – spitzgedreht – füllen und, sobald der helle Guß ein wenig angetrocknet ist, mit dem dunklen Guß verzieren. Die Plätzchen, die ohne Guß garniert werden sollen, vor dem Backen mit verquirltem Eigelb bestreichen und mit Mandelsplittern und Kirschen belegen.

Noch eine Idee: Butterplätzchen eignen sich sehr gut als Weihnachtsgebäck, beziehungsweise als Weihnachtsbaumbehang. Dann sollten Sie weihnachtliche Motive zum Ausstechen verwenden, wie z.B. Sterne, Engel, Monde, Weihnachtsmänner. Die fertigen Plätzchen können dann auch mit buntem Zuckerguß glasiert und mit buntem Zucker oder auch Perlen verziert werden.

Frohe Ostern

Überraschungen aus dem Backofen

Osterhase

Für den Teig:
150 g Margarine (Sanella)
für die Form
200 g Zucker
1 Päckchen Vanillinzucker
1 Prise Salz
4 Eier
275 g Mehl
2 TL Backpulver
6 EL Milch
50 g Kokosraspel
Zum Garnieren:
100 g Puderzucker
1 EL Zitronensaft
Zuckerperlen

Margarine, Zucker, Vanillinzucker, Salz und Eier in einer Schüssel schaumig rühren. Mehl und Backpulver mischen und zusammen mit der Milch und den Kokosraspeln unterrühren. Die Osterhasenform (gibt es in Haushaltswarengeschäften und in Kaufhäusern zu kaufen) mit Margarine einfetten. ⅓ des Teiges hineinfüllen. Die Form auf ein Backblech stellen und das Blech auf die unterste Schiebeleiste des vorgeheizten Backofens setzen. Bei 175 Grad (Elektro) oder Stufe 2–3 (Gas) backen.
Den Hasen aus der Form nehmen, die Form säubern, wieder einfetten und auf diese Art und Weise die anderen Hasen backen. Die Hasen auskühlen lassen und dann mit Zuckerguß bestreichen – entweder hell oder dunkel. Die Hasen dann mit Perlen aus bunter Zuckermasse garnieren. Zum Garnieren können auch Kokosraspeln verwendet werden. Die Hasen, zusammen mit kleinen anderen Osterleckereien, in ein Körbchen mit Ostergras setzen.

TIP
Übrigens, es gibt auch Formen für Osterlämmer. Dafür denselben Teig verwenden. Nach dem Backen mit weißer Glasur bestreichen und mit Kokosflocken bestreuen. Das ergibt dann das weiße Lammfell.

Ostertorte

Für den Teig:
125 g Mehl, 50 g Butter oder Margarine
50 g Zucker
1 Päckchen Vanillinzucker, Salz, 1 Ei
Außerdem:
2 Dosen Mandarin-Orangen (je 190 g)
1 Dose Ananasringe (450 g)
3 EL Zitronengelee
1 dreiteiliger Biskuitboden
(Wiener Böden), 3 Becher Sahne (750 ccm)
1 Päckchen Vanillinzucker, 1 EL Zucker
3 Päckchen Sahnesteif
Zum Garnieren:
5 EL gehackte Pistazienkerne
6 Marzipan-Osterküken
1 Marzipan-Medaillon

Für den Teig Mehl, Fett, Zucker, Vanillinzucker, Salz und Ei zu einem Mürbeteig verkneten. 30 Minuten kühlstellen. Eine Springform (26 cm Durchmesser) leicht einfetten und den Teig ausrollen. Im vorgeheizten Backofen (mittlere Schiebeleiste) bei 200 Grad (Elektro) oder Stufe 3 (Gas) etwa 20–25 Minuten backen, abkühlen lassen.
Die abgetropften Früchte in Stücke schneiden.
Zitronengelee glattrühren und den Boden damit bestreichen. Einen Biskuitboden darüberlegen und leicht andrücken. Sahne, Vanillinzucker, Zucker und 5–6 Eßlöffel Sahnesteif steif schlagen, in einen Spritzbeutel mit Sterntülle geben und in den Kühlschrank legen. Mit der restlichen Sahne den Biskuitboden bestreichen. Die Hälfte der Fruchtstücke daraufgeben und den zweiten Biskuitboden aufsetzen. Wiederum mit Sahne bestreichen und die restlichen Früchte darübergeben. Den dritten Biskuitboden darauflegen und die Torte rundherum mit Sahne bestreichen. Den Tortenrand mit gehackten Pistazien bestreuen. Obenauf kleine Sahnenestchen spritzen. Gehackte Pistazien hineinfüllen. Dann die Torte mit den Osterfiguren besetzen. Tortenstücke markieren.

Österlicher Baumkuchen

Für den Teig:
375 g Butter oder Margarine
375 g Zucker
2 Päckchen Vanillinzucker
7 Eier, 175 g Speisestärke
200 g Mehl, 2 EL Rum
100 g gemahlene Mandeln
Außerdem:
1 EL Aprikosenkonfitüre
1 TL Zitronensaft
75 g Marzipanrohmasse
1 EL Puderzucker
Für den Guß:
250 g Puderzucker
4 EL Zitronensaft
gelbe, grüne Speisefarbe
Zum Garnieren:
Zuckerblümchen, Marzipankärtchen

Alle Zutaten für den Teig verrühren. Den Boden einer eckigen Backform (23 × 13 cm) mit Pergamentpapier auslegen. Den Teig messerrückendick daraufstreichen. Im vorgeheizten Backofen bei 250 Grad (Elektro) oder Stufe 8 (Glas) etwa 8–10 Minuten goldgelb backen. Dieses wiederholen, bis der Teig verbraucht ist. Den Kuchen auskühlen lassen und stürzen. Das Papier abziehen. Den Kuchen mit der mit Zitronensaft verrührten Aprikosenkonfitüre bestreichen. Marzipanrohmasse und Puderzucker verkneten und ausrollen. Ein Rechteck in Größe der Kuchenoberfläche ausschneiden und als Decke auf den Kuchen legen. Puderzucker und Zitronensaft verrühren, mit gelber Speisefarbe hellgelb färben. Für den Strauß etwa 2 Eßlöffel davon abnehmen und grün färben. In eine spitzgedrehte Papiertüte füllen. Den Kuchen mit dem gelben Guß überziehen und trocknen lassen. Mit dem grünen Zuckerguß Stiele und Blätter spritzen. Die Zuckerblümchen daraufsetzen. Mit der Marzipankarte garnieren.

Hefezopf mit Kräutern

1 Paket Backmischung Hefe-Teig
1/8 l lauwarmes Wasser oder Milch
1 Ei, 1–2 EL Mehl zum Ausrollen
1 kleine Zwiebel
je 1 Bund Dill und
Petersilie

Die Backmischung und Hefe in einer Schüssel gut mischen. Flüssigkeit und das Ei zugeben. Mit dem Knethaken des Handrührgerätes verrühren. Dann bei höchster Schaltstufe 3–4 Minuten zu einem glatten Teig kneten. Den Teig zugedeckt warm stellen und 30 Minuten gehen lassen. Die Zwiebel schälen und sehr fein hacken oder reiben. Zusammen mit den abgespülten, gut trockengetupften und gehackten Kräutern unter den Teig kneten. Den Teig in drei Teile teilen, zu Rollen von etwa 30 cm Länge formen und zu einem Zopf flechten. Den Zopf auf ein gefettetes, mit Mehl bestäubtes Backblech legen und nochmals 30 Minuten gehen lassen. Dann im vorgeheizten Backofen (untere Schiebeleiste) bei 225 Grad (Elektro) oder Stufe 3–4 (Gas) 25–30 Minuten backen.

TIP
Wenn Sie tiefgefrorene Kräuter verwenden, müssen die Kräuter vorher zwischen Küchenpapier gelegt und leicht trockengetupft werden. Die Kräuter sollten völlig trocken sein, wenn sie in den Teig gearbeitet werden.

Hefebrot – österlich

Für den Teig:
1 Paket Backmischung Hefeteig
1/8 l lauwarmes Wasser oder Milch
1 Ei, 1–2 EL Mehl zum Ausrollen
1 Beutel Citro-back
je 1 Prise gemahlenen Muskat, Koriander und Piment

40 g gemahlene Mandeln
je 25 g Korinthen und Rosinen
50 g gewürfeltes Orangeat
1 Eigelb, 1 TL Wasser
50 g Hagelzucker

Die Backmischung und Hefe in einer Schüssel gut mischen. Flüssigkeit und Ei zugeben. Mit dem Knethaken des Handrührgerätes verrühren. Dann bei höchster Schaltstufe 3–4 Minuten zu einem glatten Teig kneten. Den Teig zugedeckt 30 Minuten gehen lassen. Citroback, Gewürze, Mandeln, Korinthen und Rosinen und Orangeat unterkneten. Etwa ein Viertel des Teiges abnehmen und daraus vier etwa 25 cm lange, dünne Rollen und vier etwa haselnußgroße Kugeln formen. Den übrigen Teig zu einer Halbkugel formen und auf ein gefettetes Backblech setzen. Aus jeweils zwei Teigrollen zwei Kordeln drehen und sie kreuzweise über das Brot legen. Die vier kleinen Kugeln in die Ecke setzen. Nochmals 25 Minuten gehen lassen. Im vorgeheizten Ofen (untere Schiebeleiste) bei 200 Grad (Elektro) oder Stufe 3 (Gas) 50–60 Minuten backen. Nach 40 Minuten mit dem Eigelb bestreichen und mit Hagelzucker bestreuen.

TIP
Statt der angegebenen Gewürze können Sie auch Pfefferkuchengewürz nehmen.

Große Brezel

1 Paket Backmischung Hefeteig
⅛ l lauwarmes Wasser oder Milch
1 Ei, 1–2 EL Mehl zum Ausrollen
1 Eigelb, 1 TL Wasser
1 TL Mohn, Kümmel oder grobes Salz

Die Backmischung und Hefe in einer Schüssel gut mischen. Flüssigkeit und das Ei zugeben. Mit dem Knethaken des Handrührgerätes verrühren. Dann bei höchster Schaltstufe 3–4 Minuten zu einem glatten Teig kneten. Den Teig zugedeckt 30 Minuten gehen lassen. Den Teig in drei gleiche Teile teilen. Drei etwa 50 cm lange Rollen formen, die an den Enden schmal zulaufen. Aus den drei Rollen einen Zopf flechten. Auf ein gefettetes Backblech setzen und aus dem Zopf eine Brezel formen. Zudekken und nochmals 30 Minuten gehen lassen. Die Brezel mit verquirltem Eigelb bestreichen und mit Mohn, Kümmel oder grobem Salz bestreuen. Im vorgeheizten Backofen (untere Schiebeleiste) bei 200 Grad (Elektro) oder Stufe 3 (Gas) 30–35 Minuten backen.

Alle Jahre wieder

Weihnachtsbäckereien
für die ganze Familie

Quarkstollen

Für den Teig:
150 g Margarine (Sanella)
200 g Zucker
1 Prise Salz
2 Eier
1 Beutel Citro-back oder abgeriebene Schale einer Zitrone
250 g Magerquark
500 g Mehl
1 Päckchen Backpulver
2 EL Rum, 125 g Rosinen
Margarine für das Backblech
10 g Margarine zum Bestreichen
Zum Bestreuen:
Zucker

Margarine, Zucker, Salz und Eier in einer Schüssel schaumig rühren. Citroback oder Zitronenschale zufügen. Den Magerquark durch ein Sieb streichen und unter die Fett-Eiermasse rühren. Die Hälfte des Mehls und das Backpulver gut mischen und zusammen mit dem Rum und den Rosinen unterrühren. Das restliche Mehl unterkneten. Aus dem Teig einen Stollen formen. Den Stollen auf ein leicht gefettetes Backblech legen.
In den vorgeheizten Backofen (untere Schiebeleiste) setzen und bei 175–200 Grad (Elektro) oder Stufe 2–3 (Gas) etwa 60 Minuten backen. Den Stollen herausnehmen und mit zerlassener Margarine beträufeln. Obenauf mit Zucker bestreuen.

TIP
Im Vergleich zu anderen Stollen sollten Sie diesen Quarkstollen erst 2 bis 3 Tage vor Weihnachten backen, denn er ist nicht so lange haltbar wie seine »Kollegen«. Sollten Sie Schwierigkeiten mit der Teigbeschaffenheit haben, weil er vielleicht etwas zu weich ist, dann können Sie den Teig ringsum mit Alufolie in Form bringen. Übrigens, es gibt auch Stollen-Formen zu kaufen. Sie werden vor dem Eingeben des Teiges leicht mit Fett eingepinselt.

Weckmännchen, Nikolausmännchen, Stutenkerl aus Hefeteig

Für den Teig:
1 Päckchen Dauerbackhefe
1 TL Zucker
knapp ⅛ l lauwarme Milch
300 g Mehl
80 g Zucker
1 Prise Salz
80 g weiche Butter
2 Eigelb
1 Messerspitze Safranpulver
Zum Bestreichen:
etwas verquirltes Eigelb
Zum Garnieren:
Korinthen und Tonpfeifen

Hefe, Zucker und Milch verrühren. 15 Minuten stehen lassen. Mehl auf die Arbeitsfläche geben. Auf den Rand Salz, Zucker, Butterflöckchen, Eigelb und Safran verteilen. Von der Mitte aus mit der Hefe verrühren. Alles mit dem Knethaken des elektrischen Handrührgerätes auf höchster Schaltstufe verkneten.
Den Teig zudecken und 30 Minuten gehen lassen. Dann ausrollen und Figuren ausschneiden. Am besten fertigt man sich dazu eine Schablone an, nach der die Figuren geschnitten werden. Die Teigfiguren auf ein wenig gefettetes Backblech legen und mit Eigelb bestreichen. Korinthen als Augen und Knöpfe eindrücken. Die Tonpfeife der Länge nach, leicht schräg, in das Männchen drücken.
Die Figuren zudecken und noch leicht gehen lassen. Dann in den vorgeheizten Backofen schieben (unterste Schiebeleiste) und bei 175–200 Grad (Elektro) oder Stufe 3 (Gas) 15–18 Minuten goldbraun backen.

Aprikosen-Dattel-Schnitten

Für den Teig:
300 g Mehl
100 g Puderzucker
Mark von 2 Vanilleschoten
1 Prise Salz
200 g Margarine (Sanella)
1 Eigelb
7 EL Sahne
Für die Füllung:
½ Dose Aprikosen
4 EL Aprikosenkonfitüre
30 g gemahlene Mandeln
250 g Datteln
4 Eiweiß, 150 g Zucker
125 g gemahlene Mandeln

Alle Zutaten zu einem geschmeidigen Teig verkneten. Den Teig etwa 30 Minuten kühlstellen. Dann ausrollen und zwei Drittel eines Backblechs, das leicht eingefettet wurde, auslegen. Bei 200 Grad (Elektro) oder Stufe 3 (Gas) im vorgeheizten Backofen (mittlere Schiebeleiste) etwa 15 Minuten backen.
Die abgegossenen Aprikosen pürieren und mit der Aprikosenkonfitüre in einer Schüssel verrühren; die Mandeln und die entkernten Datteln zugeben. Alles gut verrühren. Eiweiß in einer Schüssel steif schlagen. Zucker einrieseln lassen und die Mandeln unterheben. Diese Masse in einen Spritzbeutel mit glatter Tülle füllen. Auf den vorgebackenen Teig je einen Längsstreifen an den Blechrändern spritzen. Dann jeweils im Abstand von 5 cm einen Doppelstreifen spritzen. In die entstandenen Zwischenräume die Aprikosenmasse geben.
Den Kuchen weitere 15–20 Minuten bei 175 Grad (Elektro) oder Stufe 2 (Gas) im vorgeheizten Backofen (mittlere Schiebeleiste) backen. Dann aus dem Ofen nehmen, gut abkühlen lassen und zwischen den Doppelstreifen längs durchschneiden und quer in etwa 3 cm breite Streifen schneiden.

Mandelstollen

500 g Mehl (Goldpuder)
50 g frische Hefe oder
2 Päckchen Trockenhefe
⅛ l lauwarme Milch
250 g Butter oder Margarine
125 g Zucker
200 g gemahlene Mandeln
1 EL Rum
abgeriebene Schale einer Zitrone
1 Ei
50 g Butter zum Bestreichen
Puderzucker zum Bestäuben
100 g gehobelte Mandeln

Mehl in eine Schüssel geben. In die Mitte eine Mulde drücken und die Hefe mit 3 Eßlöffel lauwarmer Milch verrühren. Die Schüssel zugedeckt an einen warmen Ort stellen und 30 Minuten gehen lassen. Wenn sich der Teig verdoppelt hat, Butter oder Margarine in Flöckchen, Zucker, Mandeln, Rum und Zitronenschale, Ei und die restliche Milch dazugeben. Alles zu einem glatten geschmeidigen Teig verkneten. So lange schlagen, bis der Teig Blasen wirft und glatt ist. Zu einem Stollen formen und auf ein gefettetes Backblech setzen. Zudecken und nochmals 20 Minuten gehen lassen. In den vorgeheizten Backofen (untere Schiebeleiste) setzen und bei 200 Grad (Elektro) oder Stufe 3 (Gas) etwa 50 Minuten backen. Den noch heißen Stollen mit zerlassener heißer Butter bestreichen und mit reichlich Puderzucker bestäuben.
Sobald der Puderzucker eingezogen ist, den Mandelstollen mit den gehobelten Mandeln bestreuen. Dann vor dem Anschneiden wiederholt mit Puderzucker bestäuben.

TIP
Mandelstollen können Sie einige Wochen vor Weihnachten backen, in Alufolie wickeln und einfrieren. Erst nach dem Auftauen mit Puderzucker bestäuben!

Marzipanstollen

Für den Teig:
500 g Mehl, 1 Prise Salz
50 g frische Hefe, 80 g Zucker
⅛ l lauwarme Milch, 4 EL Wasser
200 g Butter oder Margarine
abgeriebene Schale einer Zitrone oder
1 Beutel Citro-back
Für die Füllung:
200 g gemahlene Mandeln
125 g Sultaninen
je 50 g Orangeat und Zitronat
2 EL Rum oder 2 Beutel Rum-back
200 g Marzipanrohmasse
200 g Puderzucker
50 g Butter zum Bestreichen

Mehl und Salz in eine Schüssel geben. In die Mitte eine Vertiefung drücken, Hefe hineinbröckeln. 1 Teelöffel Zucker und die Hälfte der lauwarmen Milch hinzufügen. Zudecken und 20–30 Minuten gehen lassen. Restlichen Zucker, Milch, Wasser, Fett und die Zitronenschale oder Citro-back erhitzen, bis das Fett geschmolzen ist. Für die Füllung die Mandeln, Sultaninen, Orangeat und Zitronat, sowie Rum oder Rum-back in eine Schüssel geben und 30 Minuten gut durchziehen lassen.
Das Fettgemisch leicht abgekühlt zum Hefeteig geben. Gut verrühren und dann mit dem Knethaken des elektrischen Handrührgerätes durchkneten, bis sich der Teig vom Schüsselboden löst. Auf einer bemehlten Arbeitsfläche eine etwa 2 cm dicke ovale Platte ausrollen. Die Mandel-Sultaninenfüllung auf dem Teig gleichmäßig verteilen. Dabei leicht in den Teig drücken. Die Teigränder nach innen schlagen, so daß die Füllung bedeckt ist. Vorsichtig wieder zu einer ovalen Platte ausrollen. Die Marzipanrchmasse mit 120 g Puderzucker verkneten und zu einer etwa 2 cm dikken Rolle formen. Diese Rolle in die Mitte des Teiges legen. Vorher eine leichte Vertiefung drücken, damit die Rolle hineinpaßt. Dann eine Teigseite zur Mitte hin überschlagen. Mit den Händen nun einen Stollen formen. Ein Backblech leicht einfetten und mit Mehl bestäuben. Den Stollen darauflegen. Zudecken und etwa 20 Minuten gehen lassen. In den vorgeheizten Backofen (unterste Schiebeleiste) setzen und bei 175 Grad (Elektro) oder Stufe 2 (Gas) etwa 60 Minuten backen. Dann noch 10 Minuten im ausgeschalteten Backofen liegenlassen. Mit zerlassener Butter bestreichen und dick mit Puderzucker bestäuben.

Hamburger Braune Kuchen

200 g Rübenkraut
65 g Butter oder Schweineschmalz
65 g brauner Zucker (Kandisfarin)
375 g Mehl
½ Päckchen Backpulver
je 30 g feingewürfeltes Zitronat und Orangeat
30 g gehackte Mandeln
abgeriebene Schale einer halben Zitrone oder ½ Beutel Citro-back
1 gestrichener TL Zimt

Rübenkraut, Fett und braunen Zucker in einem Topf erwärmen und abkühlen lassen. Mehl und Backpulver in eine Schüssel geben, Zitronat, Orangeat, Mandeln und Gewürze zufügen. Dann das Rübenkraut-Gemisch dazugeben. Von der Mitte aus alles vermischen und gut durchkneten. Den Teig dünn ausrollen und verschiedene Figuren ausstechen. Auf ein leicht gefettetes, mit Mehl bestäubtes Backblech geben. Bei 175 Grad (Elektro) oder Stufe 3 (Gas) 10–12 Minuten auf mittlerer Schiebeleiste backen.

Honigkuchenherzen

250 g Honig
125 g brauner Zucker (Kandisfarin)
4 EL Öl, 500 g Mehl
3 TL Backpulver
1 Päckchen Honigkuchengewürz, 1 Ei
abgezogene halbierte Mandeln

Honig, braunen Zucker und Öl verrühren, erwärmen und wieder abkühlen. Mehl, Backpulver und Gewürz zusammen mit dem Honiggemisch verrühren. Gut verkneten. Den Teig messerrückendick ausrollen. Herzen ausstechen, mit Eigelb bestreichen, mit Mandeln garnieren. Bei 200 Grad oder Stufe 3 etwa 10–12 Minuten auf mittlerer Schiebeleiste backen.

Liegnitzer Bomben

Für den Teig:
400 g Honig
250 g Zucker
125 g Butter oder Margarine
6 EL Milch
1 Prise Kardamom
½ TL gemahlene Nelken
2 gestrichene TL Zimt
500 g Mehl
1 Päckchen Backpulver
50 g Kakao
125 g Korinthen
125 g gehackte Mandeln
150 g gewürfeltes Zitronat
Zum Bestreichen:
Aprikosenmarmelade
etwa 2 EL Wasser
Für die Glasur:
500 g Puderzucker
60 g Kakao
6–10 EL heiße Milch oder Wasser
50 g zerlassenes Kokosfett
abgezogene Mandeln zum Garnieren

Honig, Zucker, Fett und Flüssigkeit in einem Topf erhitzen, bis alles aufgelöst ist. Dann abkühlen lassen und die Eier, Gewürze, das mit Backpulver gemischte Mehl und Kakao hinzufügen. Als letztes Korinthen, Mandeln und Zitronat. Kleine Bombenformen oder Blechdosen einfetten und bis zur Hälfte mit dem Teig füllen. Auf ein Backblech setzen und bei 175–180 Grad (Elektro) oder Stufe 2–3 (Gas) 25–30 Minuten auf mittlerer Schiebeleiste backen.
Abschließend vorsichtig aus der Form lösen und abkühlen lassen.
Aprikosenmarmelade und Wasser in einer Schüssel glattrühren und in einem Topf erhitzen. Die kleinen Bomben damit bestreichen. Für die Glasur Puderzucker in eine Schüssel sieben. Kakao, heiße Milch oder Wasser zufügen und zusammen mit dem zerlassenen Kokosfett glattrühren. Die Liegnitzer Bomben damit überziehen, in die Mitte eine Mandel setzen.

Masurischer Mohnstriezel

250 g Mohn, 40 g Hefe
knapp ¼ l lauwarme Milch
225 g Zucker, 500 g Mehl, 1 Prise Salz
150 g Margarine (Sanella) und Margarine für das Blech, 3 Eier
2 Päckchen Vanillinzucker
100 g gemahlene Haselnüsse
50 g Grieß, 100 g Rosinen

Den Mohn am Vortag in Wasser aufkochen. 30 Minuten quellen lassen und zum Abtropfen auf ein feines Sieb geben. Die Hefe in die Milch bröckeln und mit je 1 Prise Zucker und Mehl verrühren. Zugedeckt an einem warmen Ort 5–10 Minuten gehen lassen. 75 g Zucker, Mehl, Salz, ⅔ der zerlassenen abgekühlten Sanella und 1 Ei in eine Rührschüssel geben, die Hefemilch zufügen, alles mischen und den Teig kräftig kneten und schlagen. Den Teig an einem warmen Ort bis zur doppelten Größe aufgehen lassen.
In der Zwischenzeit den Mohn zweimal durch den Fleischwolf (feinste Scheibe) drehen. Dann mit der restlichen Sanella, 2 Eigelb – etwas zum Bestreichen übriglassen –, 150 g Zucker, Vanillinzucker, Nüssen, Grieß und den Rosinen gut verrühren. Zum Schluß ⅔ des sehr steif geschlagenen Eischnees unterziehen.
Den aufgegangenen Hefeteig kurz durchkneten, zu einem Rechteck 35 × 50 cm ausrollen. Mit etwas Eischnee bestreichen, dann die Mohnmasse darauf verteilen. Den restlichen Eischnee auf dem Mohn verstreichen. Den Teig von der Breitseite zur Mitte hin aufrollen; den Striezel auf ein gefettetes Backblech legen und nochmals gehen lassen. Im vorgeheizten Backofen (untere Schiebeleiste) 150–175 Grad (Elektro) oder Stufe 1–2 (Gas) etwa 30 Minuten backen. Kurz vor Ende der Backzeit das restliche Eigelb und Wasser verrühren und den Striezel damit bestreichen.

Adventsstern

Für den Teig:
250 g Butter oder Margarine
250 g feinster Zucker
4 Eigelb
1 Prise Salz
abgeriebene Schale einer Zitrone
280 g Mehl
4 Eiweiß
Semmelbrösel
Zum Bestreuen:
70–100 g Grümmel
gehackte Mandeln
Zum Garnieren:
2 EL Rübenkraut

Butter oder Margarine in einer Schüssel schaumig rühren. Zucker, Eigelb und Gewürze nach und nach zugeben. Dann das Mehl unterheben. Eiweiß steif schlagen und hinzufügen. Den Teig in eine gefettete, mit Semmelbröseln ausgestreute Stern-Form füllen, obenauf mit Grümmel und Mandeln gleichmäßig bestreuen und mit Rübenkraut spiralförmig garnieren.
In den vorgeheizten Backofen (untere Schiebeleiste) setzen und bei 175–190 Grad (Elektro) oder Stufe 3 (Gas) 40–45 Minuten backen.

TIP
Den Kuchen kann man auch mit einer schneeweißen Eiweiß-Glasur bestreichen und dann mit Silberperlen besetzen. Dann wird der Kuchen vor dem Backen nicht mit Grümmel und Rübenkraut bestreut. Für die Glasur 125 g Puderzucker in eine Schüssel sieben und mit einem Eiweiß und einigen Tropfen Zitronensaft verrühren. Damit die Stern-Torte bestreichen und beliebig mit Silberperlen garnieren. Als Geschenk kann man sie in Klarsichtfolie packen. Die Enden mit Silberband verschnüren. So wird der Stern besonders attraktiv.

Zimt-Mandel-Torte

Für den Teig:
200 g Mehl
60 g feinster Zucker
1 Ei
1 Prise Salz
100 g Butter oder Margarine
Für die Füllung:
200 g Aprikosen- oder Pflaumenmarmelade
Für die Makronenmasse:
4 Eiweiß
250 g Puderzucker
1 Päckchen Vanillinzucker
250 g gemahlene, ungeschälte Mandeln
1 TL Zimt
Zum Garnieren:
Hagel- und Puderzucker

Mehl auf ein Backbrett geben. In die Mitte eine Vertiefung drücken. Zucker, Ei und Salz hineingeben. Darauf das in Stückchen geschnittene Fett. Alle Zutaten gut miteinander mischen und zu einem geschmeidigen Teig verkneten. 60 Minuten kühl stellen. Dann ausrollen und den Boden einer gefetteten Springform (26 cm Durchmesser) damit auslegen. Den Rand hochdrücken. Den Teigboden dick mit der Marmelade bestreichen. Eiweiß sehr steif schlagen und mit Puderzucker und Vanillinzucker mischen. Mandeln und Zimt vorsichtig unterheben und die Eiweißmasse auf die Marmelade streichen. Obenauf glattstreichen. Den Rand mit Hagelzukker bestreuen. In den vorgeheizten Backofen (untere Schiebeleiste) stellen und bei 175–190 Grad (Elektro) oder Stufe 3 (Gas) etwa 55–60 Minuten backen. Die Torte auf einem Kuchengitter abkühlen lassen und dann dick mit Puderzucker bestäuben.

Mandel-Lebkuchen

Für den Teig:
3 Eiweiß, 200 g Zucker
1 Prise Zimt
1 Päckchen Vanillinzucker
je 1 Messerspitze Muskatnuß und Salz
200 g gemahlene Mandeln
rechteckige Backoblaten
Zum Garnieren:
abgezogene halbierte Mandeln

Eiweiß in einer Schüssel steif schlagen. Zucker nach und nach zugeben. Zimt, Vanillinzucker, Muskat und Salz unterrühren. Dann die Mandeln unter die Eiweißmasse heben. Diese Masse auf die Oblaten streichen. Eine geschälte Mandel in die Mitte setzen. Auf ein Backblech setzen und im vorgeheizten Backofen (mittlere Schiebeleiste) bei 180 Grad (Elektro) oder Stufe 2 (Gas) etwa 18 Minuten backen.

Haselnuß-Lebkuchen

Für den Teig:
7 Eiweiß, 370 g Puderzucker
200–250 g gemahlene Haselnüsse
abgeriebene Schale einer Zitrone
50 g Orangeat und Zitronat
10 g Zimt, Nelkenpulver und geriebene Muskatnuß
75 g Speisestärke, 75 g Mehl
Backoblaten (70 mm Durchmesser)
Zum Garnieren:
ganze Haselnüsse

Eiweiß in einer Schüssel steif schlagen. Puderzucker, Nüsse, Orangeat, Zitronat und Gewürze unterheben. Speisestärke und Mehl einrühren. Die Backoblaten auf ein Backblech setzen und den Teig daraufstreichen. In die Mitte jedes Lebkuchens eine ganze Haselnuß drücken. In den vorgeheizten Backofen (mittlere Schiebeleiste) setzen und bei 175 Grad (Elektro) oder Stufe 1–2 (Gas) etwa 25–30 Minuten backen.

Elisen-Lebkuchen

Für den Teig:
2 Eiweiß, 180 g Zucker
1 Päckchen Vanillinzucker
140 g gemahlene Mandeln
50 g feingeschnittenes Zitronat oder Orangeat
Backoblaten (70–90 mm Durchmesser)
Für die Glasur:
140 g Puderzucker, 3 EL Wasser
1 Eiweiß, einige Tropfen Vanille- oder Zitronenessenz
Außerdem:
Belegkirschen, ganze abgezogene Mandeln oder Nüsse

Eiweiß und ⅓ der Zuckermenge steif schlagen. Restlichen Zucker und Vanillinzucker nach und nach einrühren. Alle übrigen Zutaten vorsichtig unterheben. Backoblaten auf ein Backblech setzen, mit Teig bestreichen. In den vorgeheizten Backofen (mittlere Schiebeleiste) setzen und bei 160 Grad (Elektro) oder Stufe 1 (Gas) etwa 20 Minuten backen.
Inzwischen für die Glasur den Puderzucker mit Wasser und Eiweiß, Vanille- oder Zitronenessenz verrühren. Die warmen Plätzchen sofort mit der Glasur bestreichen. Mit Belegkirschen, Mandeln oder Nüssen garnieren.

Günzburger Lebkuchen

500 g Zucker, 4 Eier
abgeriebene Schale und Saft einer kleinen Zitrone
je 70 g feingehacktes Zitronat und Mandeln
etwas Zimt und Nelkenpulver
500 g Mehl
2 gestrichene TL Backpulver
Backoblaten (70 mm Durchmesser)
abgezogene Mandeln

Zucker, Eier, Zitronensaft und -schale in einer Schüssel schaumig rühren. Zitronat, Mandeln, Mehl und Backpulver vermischt unterrühren. Den Teig etwa 1 cm dick ausrollen und Plätzchen im Durchmesser von 70 mm ausstechen. Diese auf Oblaten legen, obenauf eine Mandel setzen. Die Oblaten nicht zu dicht auf ein Backblech setzen. Über Nacht trocknen lassen. Dann in den vorgeheizten Backofen (mittlere Schiebeleiste) setzen und bei 180 Grad (Elektro) oder Stufe 2 (Gas) 25 Minuten backen.

Früchtelebkuchen

Für den Teig:
50 g Honig
50 g Butter oder Margarine
3 Eier
150 g Zucker
100 g Datteln
100 g Feigen
1 TL Hirschhornsalz
½ TL Pottasche
50 g gehackte Haselnüsse
50 g gehackte Mandeln
100 g Rosinen
abgeriebene Schale einer Zitrone
50 g Orangeat, 50 g Zitronat
200 g Mehl
200 g Blütenzarte Köllnflocken
2½ TL Lebkuchengewürz
Für den Zuckerguß:
250 g Puderzucker
2 EL Wasser, 3 EL Zitronensaft

Honig und Butter oder Margarine in einem Topf erhitzen und wieder abkühlen lassen. Eier und Zucker in einer Schüssel schaumig schlagen. Datteln und Feigen fein würfeln. Hirschhornsalz und Pottasche jeweils getrennt in etwas Wasser auflösen. Zusammen mit den Früchten, Haselnüssen, Mandeln, Rosinen, der Zitronenschale und Orangeat und Zitronat unter die Honig-Buttermischung geben. Mehl, Köllnflokken, Lebkuchengewürz und die Ei-Zukkermischung unterrühren. Die Masse mit angefeuchteten Händen auf ein leicht gefettetes Backblech streichen. In den vorgeheizten Backofen (untere Schiebeleiste) stellen und bei 190 Grad (Elektro) oder Stufe 2–3 (Gas) etwa 25–30 Minuten backen. Für den Guß Puderzucker in eine Schüssel sieben, Wasser und Zitronensaft zufügen und glattrühren. Noch warm auf den Kuchen streichen. Dann gut auskühlen lassen und in kleine Stücke schneiden.

TIP
Dieser Kuchen hält sich für längere Zeit gut in einer Blechdose.

Nußsterne

Für den Teig:
250 g Mehl, ½ TL Backpulver
125 g Butter oder Margarine
1 Ei, 50 g gemahlene Nüsse
1 Prise Salz
125 g Zucker
1 Päckchen Vanillinzucker
Zum Bestreichen:
1 Eigelb, 1 Glas Nutella
Zum Garnieren:
abgezogene Haselnüsse

Mehl und Backpulver mischen und auf ein Backbrett geben. In die Mitte eine Vertiefung drücken. Das Fett, das Ei, die Nüsse, Salz, Zucker und Vanillinzucker hineingeben. Alles zu einem glatten, geschmeidigen Teig verarbeiten. 30 Minuten kalt stellen. Dann ausrollen und Sterne ausstechen. Die Hälfte der Sterne mit verrührtem Eigelb bestreichen und mit einer halbierten Haselnuß besetzen. Alle Plätzchen auf ein gefettetes, mit wenig Mehl bestäubtes Backblech setzen und im vorgeheizten Backofen (mittlere Schiebeleiste) bei 190 Grad (Elektro) oder Stufe 2–3 (Gas) 15 Minuten goldgelb backen.
Nach dem Abkühlen die Hälfte der Sterne, die nicht mit einer Haselnuß belegt sind, mit Nutella bestreichen. Darauf die mit Haselnuß besetzten Plätzchen setzen.

Haselnußmakronen

3 Eiweiß, 250 g Zucker
350 g gemahlene Haselnüsse
kleine runde Oblaten

Eiweiß steifschlagen. Zucker zugeben. Anschließend die Haselnüsse unterheben. Mit gezuckerter Hand kleine Kugeln formen, etwas flachdrücken und auf Oblaten setzen. Im vorgeheizten Ofen (untere Schiebeleiste) bei 160 Grad (Elektro) oder Stufe 1 (Gas) 15 Minuten backen.

Haselnuß-Küßchen

Für den Teig:
2 Eiweiß
250 g gemahlene Haselnüsse
200 g Zucker
1 TL Zimt
1 Beutel Rum-back oder 1 EL Rum
abgeriebene Schale einer Zitrone
85 g geriebene Vollmilch-Kuvertüre
100 g ganze Haselnüsse

Eiweiß und Zucker schaumig rühren. Alle anderen Zutaten unterheben und aus dem Teig eine Rolle formen. In 1½–2 cm dicke Scheiben schneiden. Jede Scheibe etwas flachdrücken und mit einer Haselnuß besetzen. Ein Backblech mit Backtrennpapier auslegen. Die Plätzchen darauf setzen. In den vorgeheizten Backofen (unterste Schiene) setzen und bei 190 Grad (Elektro) oder Stufe 2–3 (Gas) 30–40 Minuten backen. Dann herausnehmen und auf einem Kuchengitter auskühlen lassen.

TIP
Rum-back ist eine besonders hocharomatische Mischung echter Jamaica-Rum-Sorten und gibt Kuchen und Gebäck eine exquisite Geschmacksnote. Rum-back immer in die Flüssigkeit zu den Trockenfrüchten oder zum Ei geben und damit in den Teig einarbeiten. Rum-back entspricht 1 Eßlöffel Rum.

Schneemann

Für den Teig:
250 g Butter oder Margarine
200 g Zucker
1 Päckchen Vanillinzucker
4 Eier, 300 g Mehl
100 g Speisestärke
3 gestrichene TL Backpulver
je 50 g gehackte Mandeln und Zitronat
125 g Sultaninen
Zum Garnieren:
150 g Puderzucker
2 EL Wasser
rote und blaue Speisefarbe
Schokoladenkuvertüre

Butter oder Margarine in einer Schüssel schaumig rühren. Zucker und Vanillinzucker zugeben. Nach und nach die Eier einrühren. Mehl, Speisestärke und Backpulver mischen und unterheben. Dann Mandeln, Zitronat und Sultaninen unterrühren. Den Teig in eine gut eingefettete Männchenform füllen und in den vorgeheizten Backofen (untere Schiebeleiste) stellen. Bei 175–200 Grad (Elektro) oder Stufe 1–2 (Gas) etwa 75 Minuten backen. Dann aus dem Backofen nehmen und noch 10 Minuten in der Form abkühlen. Anschließend auf ein Kuchengitter legen und völlig auskühlen lassen.
Puderzucker und Wasser verrühren und bis auf den Hut die Figur überziehen. Der Hut wird mit Kuvertüre bestrichen. Den restlichen Guß rot oder blau färben. Gesicht, Hände, Knöpfe und Schal damit garnieren.

»Onkel Franz«

Für den Teig:
250 g Butter oder Margarine
250 g Zucker
1 Päckchen Vanillinzucker
1 Prise Salz, 3 Eier
50 g gemahlene Mandeln
375 g Mehl, 50 g Kakao
3 gestrichene TL Backpulver
5 EL Milch
Zum Garnieren:
75 g Puderzucker, 1–2 EL Wasser
rote und grüne Speisefarbe

Aus den Zutaten einen Teig rühren und in eine gefettete Männchenform füllen. Im vorgeheizten Backofen wie den »Schneemann« backen. Dann in der Form abkühlen lassen, auf ein Kuchengitter stürzen und völlig auskühlen lassen. Puderzucker und Wasser verrühren. Den Hut damit überziehen. Einen Teil in einen Spritzbeutel füllen. Gesichtskonturen, Hände und Knöpfe auf die Figur spritzen. Restlichen Guß rot und grün färben. Anzug und Fliege damit garnieren.

»Fräulein Vroni«

Für den Teig:
6 große Eier, 200 g Zucker
1 Päckchen Vanillinzucker
1 Beutel Citro-back
200 g Mehl, 100 g Speisestärke
1 TL Backpulver
100 g zerlassene Margarine
Zum Garnieren:
200 g Puderzucker, 1 Eiweiß
1 EL Zitronensaft
blaue und rote Speisefarbe

Alle Zutaten nacheinander verrühren, zum Schluß das Fett eßlöffelweise unterheben. In eine gefettete Männchenform füllen und bei 200 Grad (Elektro) oder Stufe 3 (Gas) 35 Minuten backen. Auskühlen lassen. Mit Eiweiß-Glasur garnieren.

Gebackene Engel

Für den Teig:
500 g Mehl
2 gestrichene TL Backpulver
150 g Zucker
2 Päckchen Vanillinzucker
1 EL Rum
je 1 TL Zimt und Kardamom
2 kleine Eier
150 g Butter oder Margarine
Für die Garnierung:
250 g Puderzucker
1 Eiweiß
rote, gelbe, grüne und blaue Speisefarbe
bunte Zuckerperlen

Mehl und Backpulver mischen. Zucker, Vanillinzucker, Rum, Gewürze, Eier und Fett zugeben und alles zu einem geschmeidigen Teig verkneten. Zugedeckt über Nacht kühl stellen. Für die Engel Schablonen anfertigen, etwa dreifache Größe der Abbildungen. Den Teig ½ cm dick auf einer bemehlten Arbeitsfläche ausrollen. Die Engelschablonen auf den Teig legen und die Figuren mit einem spitzen Messer ausschneiden. Die Engel auf ein gefettetes Backblech legen. Im vorgeheizten Backofen (untere Schiebeleiste) bei 200 Grad (Elektro) oder Stufe 3 (Gas) etwa 12 Minuten backen. Dann vom Blech nehmen und auf einem Kuchengitter abkühlen lassen.
Für den Guß Puderzucker und Eiweiß glattrühren. In mehrere Schüsselchen verteilen und mit den entsprechenden Speisefarben mischen. Die Engel damit anmalen beziehungsweise garnieren. Dazu nimmt man am besten eine spitz gedrehte Pergamenttüte oder einen feinen Pinsel. Mit bunten Zuckerperlen schmücken.

TIP
Wer diese Engel an den Weihnachtsbaum hängen möchte, muß oben am Kopf ein kleines Loch eindrücken. Das muß vor dem Backen mit einer Nadel geschehen. Ganz besonders nett schauen die Engel aus, wenn man sie an der Kordel eines Geschenkpäckchens befestigt.
Übrigens: Sollte diese Weihnachtsdekoration auch für das nächste Fest halten, dann müssen die Engel »versiegelt« werden. Dazu besprüht man sie mit Klarlack. Dann glänzen sie und halten sich gut.

Weihnachtstorte

Für den Teig:
375 g Butter oder Margarine
250 g feinster Zucker
6 Eier
500 g Mehl
1 Päckchen Backpulver
2 EL Kakao
je 1 Prise Salz, Muskat und Nelkenpulver
1 TL Zimt
2 EL Rum
je 50 g Zitronat, Orangeat, Korinthen, Rosinen und gehackte Mandeln
Zum Bestreuen:
Puderzucker

Die Butter oder Margarine in einer Schüssel schaumig rühren. Zucker und Eier nach und nach dazugeben, dann das mit dem Backpulver vermischte Mehl, Kakao und Gewürze. Zuletzt Zitronat, Orangeat, abgespülte und trokkengetupfte Korinthen und Rosinen, sowie die gehackten Mandeln. Den Teig in eine gefettete Springform (26 cm Durchmesser) geben. In den vorgeheizten Backofen (unterste Schiebeleiste) stellen und bei 175–190 Grad (Elektro) oder Stufe 3 (Gas) etwa 55–60 Minuten backen. Die Torte aus dem Ofen nehmen und mit Puderzucker bestäuben.

TIP
Sehr weihnachtlich sieht die Torte aus, wenn man eine Glocke, einen Weihnachtsmann oder eine Kerze als Schablone ausschneidet, sie auf die Torte legt und die Ränder mit Puderzucker bestäubt. Die Schablone dann vorsichtig abnehmen, damit die Ränder nicht verwischen. Nun die Torte auf eine silberne oder weiße Tortenpapiermanschette setzen. Man kann auch ringsum kleine Lichtchen zum Anzünden aufsetzen, oder auch nur welche aus Marzipan.

Gewürztorte

Für den Teig:
200 g Margarine
250 g Zucker, 6 Eigelb
1 Glas (2 cl) Orangenlikör
3 TL Zimt
2 TL Nelkenpulver
1 Prise Salz
250 g gemahlene Mandeln
125 g feingehacktes Zitronat
100 g Semmelbrösel
6 Eiweiß
Für die Füllung:
4 EL Orangenlikör
4 EL Orangenmarmelade
Für die Garnierung:
½ Beutel Schokoladenglasur
Puderzucker, Orangengeleefrüchte
grüne kandierte Kirschen

Das Fett in einer Schüssel schaumig rühren. Zucker einstreuen und das Eigelb nach und nach unterrühren. Orangenlikör, Gewürze, Salz, Mandeln, Zitronat und Semmelbrösel zugeben. Alles gut verrühren. Eiweiß sehr steif schlagen und unter den Teig heben.
Den Boden einer Springform (24 cm Durchmesser) mit Pergamentpapier auslegen und den Teig einfüllen. In den vorgeheizten Backofen (untere Schiebeleiste) stellen und bei 200 Grad (Elektro) oder Stufe 3 (Gas) etwa 60 Minuten backen. Dann aus der Form lösen und die Torte auf einem Kuchengitter auskühlen lassen.
Die Torte dann zweimal waagerecht durchschneiden. Die einzelnen Böden mit Orangenlikör beträufeln und mit Orangenmarmelade bestreichen. Die Böden wieder zusammensetzen. Die Schokoladenglasur im Wasserbad erhitzen und die Torte damit begießen. Aus Pappe oder Papier einen Stern ausschneiden und diese Schablone auf die Torte legen. Die Ränder mit Puderzukker bestäuben. Die Schablone abnehmen und den Stern mit Orangengeleestückchen und kandierten Kirschen garnieren.

Schokoladentorte

Für den Teig:
500 g Margarine
350 g Zucker, 1 Prise Salz
Mark einer Vanilleschote, 8 Eier
1 Päckchen Lebkuchengewürz
375 g Mehl, 125 g Speisestärke
6 gestrichene TL Backpulver
6 EL Kakao, 4 EL Milch
je 100 g Zitronat und Sultaninen
50 g grob gewürfelte Schokolade
Für die Füllung:
1 Glas Preiselbeeren
Für die Garnierung:
4 Päckchen dunkle Kuchenglasur
Marzipanstern und Marzipanengel (selbstgemacht oder gekauft)
2 EL gehackte Pistazien

Fett in einer Schüssel schaumig rühren. Zucker, Salz und Vanillemark zufügen und unterrühren. Nach und nach die Eier hinzugeben und alles so lange rühren, bis der Zucker gelöst ist. Lebkuchengewürz, Mehl, Speisestärke und Kakao mischen und kurz unter den Teig rühren. Dann Milch, Zitronat, Sultaninen und Schokolade unterheben.
Drei Springformen im Durchmesser von 15, 22 und 26 cm mit Pergamentpapier auslegen und den Teig einfüllen. In den vorgeheizten Backofen (untere Schiebeleiste) stellen und bei 220 Grad (Elektro) oder Stufe 3 (Gas) etwa 45 Minuten backen. Die Böden dann auskühlen lassen und jeden Boden einmal waagerecht durchschneiden. Preiselbeeren verrühren, die Böden damit füllen und wieder zusammensetzen. Die Torten dann übereinandersetzen. Die Kuchenglasur im Wasserbad erwärmen und die Torten von oben her mit der Glasur begießen. Mit einem breiten Messer glattstreichen. Die Torte dann mit Marzipanengeln und -sternen und gehackten Pistazien garnieren.

Früchtebrot

je 125 g Datteln und Feigen
100 g Sukkade (Zitronat)
50 g Orangeat
1 Beutel Orange-back
300 g gemischte, gehackte Nüsse (Haselnüsse, Walnüsse, Paranüsse)
1 TL Öl zum Bestreichen
3 Eier
100 g Zucker
2 Päckchen Vanillinzucker
1 Prise Salz
½ TL Zimt
1 Messerspitze geriebene Muskatnuß
80 g Mehl
100 g kandierte rote Kirschen
50 g kandierte grüne Kirschen

Datteln und Feigen in feine Stücke schneiden, ebenso Sukkade und Orangeat. Zusammen mit Orange-back und den Nüssen in einer Schüssel mischen. Eier und Zucker in einer Schüssel schaumig schlagen. Zimt, Salz und Muskatnuß zugeben. Mehl vorsichtig unterrühren. Alle zerkleinerten Früchte und die geviertelten kandierten Kirschen unterheben.
Eine Kastenform (26 cm Länge) mit Pergamentpapier auskleiden. Dazu die Form auf ein großes Stück Pergamentpapier legen und alle Seiten der Form nachzeichnen. Dann ausschneiden, die Ecken zusammengekniffen in die Kastenform setzen und mit etwas Öl einstreichen. Den Teig hineinfüllen und die Oberfläche mit einem angefeuchteten Löffelrücken glattstreichen. Die Form in den vorgeheizten Backofen (unterste Schiebeleiste) setzen und bei 175 Grad (Elektro) oder Stufe 2 (Gas) etwa 90 Minuten backen. Noch 15 Minuten im ausgeschalteten Backofen stehen lassen. In der Form auskühlen lassen. Völlig abgekühlt kann nun das Früchtebrot in Alufolie gewickelt werden. Zwei Wochen ruhen lassen, dann erst in Scheiben schneiden.

Marzipantorte

Für den Teig:
250 g Margarine oder Butter
250 g Zucker, 3 Eigelb
50 g gemahlene Mandeln
250 g geriebene Blockschokolade
250 g Mehl, 2 TL Backpulver
3 Eiweiß, ⅛ l Weinbrand
½ Glas Zitronenkonfitüre
Für die Marzipanmasse:
400 g Marzipanrohmasse
200 g Puderzucker
Außerdem:
250 g zartbittere Schokolade
25 g Kokosfett

Margarine oder Butter in einer Schüssel schaumig rühren. Zucker und Eigelb nach und nach dazugeben. Mandeln und geriebene Blockschokolade zusammen mit dem Mehl und Backpulver unterrühren. Eiweiß in einer Schüssel steif schlagen und auf die Teigmasse geben. Mit einem Rührlöffel vorsichtig unterheben. Eine Springform (26 cm Durchmesser) einfetten und den Teig hineinfüllen. Die Form in den vorgeheizten Backofen stellen (unterste Schiebeleiste) und bei 175 Grad (Elektro) oder Stufe 2 (Gas) etwa 75–80 Minuten backen. Die Torte aus der Form lösen und auskühlen lassen und in der Mitte einmal waagerecht durchschneiden. Beide Tortenhälften mit dem Weinbrand tränken. Die Zitronenkonfitüre verrühren und auf den unteren Boden legen. Das Marzipan wird jetzt mit dem Puderzucker verknetet. Einen Boden von 26 cm Durchmesser ausrollen und auf den mit Konfitüre bestrichenen Boden legen. Den zweiten Tortenboden darübersetzen. Restliches Marzipan zusammenkneten und wieder ausrollen. Weihnachtsmotive, wie Tannenbäume, Sterne und Glocken ausstechen. Die Schokolade und das Kokosfett zerlassen und verrühren. Die Glasur auf die Torte gießen und glattstreichen. Sofort die Weihnachtsmotive auf die Torte kleben.

Honigtorte

Für den Teig:
250 g Honig
250 g brauner Zucker (Kandisfarin)
100 g Butter oder Margarine
500 g Mehl
1 Päckchen Backpulver
125 g gemahlene Haselnüsse
3 Eier
Für die Füllung:
180 g Butter
2 Eigelb
125 g gemahlene Haselnüsse
125 g Grümmel
Für die Glasur:
250 g Puderzucker
2–3 EL heiße Milch oder Wasser
1 EL Rum
Außerdem:
reichlich Grümmel für den Rand und Haselnüsse oder Walnußkerne

Honig, Zucker und Fett in einem Topf erwärmen, Mehl und Backpulver in einer Schüssel mischen. Die Haselnüsse zugeben. Das abgekühlte Honig-Fettgemisch und die Eier unterrühren. Alles gut mischen. Den Teig in eine gefettete Springform (26 cm Durchmesser) in den vorgeheizten Backofen (unterste Schiebeleiste) setzen und bei 190 Grad (Elektro) oder Stufe 2–3 (Gas) etwa 35–45 Minuten backen. Die Torte nach dem Abkühlen zweimal waagerecht durchschneiden. Für die Füllung Butter schaumig schlagen, Eigelb zugeben und mit den Haselnüssen und dem Grümmel verrühren. Die Masse auf die Tortenböden streichen und diese wieder aufeinandersetzen.
Für die Glasur Puderzucker in eine Schüssel sieben, mit Milch oder Wasser und Rum verrühren. Die Torte damit überziehen.
Den Rand mit Grümmel garnieren und die Torte obenauf mit ganzen Hasel- oder Walnußkernen verzieren.

Lebkuchenstadt

Für den Teig:
375 g Honig
150 g Schmalz oder Margarine
75 g Zucker, 150 g Mondamin
5 EL Kakao
2 EL Kondensmilch
600 g Mehl
1 Päckchen Backpulver
4 TL Pfefferkuchengewürz
2 Beutel Orange-back, 2 Eier
Außerdem an Material:
weißer dünner Zeichenkarton
Tesafilm, Alufolie, Holzwolle als Stroh, kleine Zweige, Puderzuckerguß mit Eiweiß

Bei dieser Lebkuchenstadt, die wir für Sie vorgebacken haben, handelt es sich um eine Anregung. Sie sollten sehen, daß man außer einem Pfefferkuchen- oder Hexenhaus auch eine ganze Stadt backen kann. Für diese Stadt benötigen Sie etwa die vierfache Menge an Teig. Es kommt drauf an, was Sie und wie viele Häuser Sie »bauen« wollen.
Honig, Fett und Zucker erwärmen und abkühlen lassen. Mondamin, Kakao und Kondensmilch sowie ein Drittel der Mehlmenge zusammen mit dem Backpulver, den Gewürzen, Orange-back und Eiern zugeben. Mit dem Knethaken des elektrischen Handrührgerätes verrühren. Restliches Mehl zugeben. Teig durchkneten und kalt stellen.
Inzwischen schneiden Sie sich Schablonen nach Ihren eigenen Maßen auf einen Zeichenkarton. Dann nochmals die Pappschablonen aus Alufolie ausschneiden. Bei den Schablonen alle Giebel ohne Zinnen ausschneiden. Zuerst jeweils den Teig auf Backpapier etwa 5–6 mm dick ausrollen. Nebeneinander die Aluschablonen auf den Teig legen, an den Rändern vorsichtig entlangschneiden. Holzscheite, Tür- und Fensterumrahmungen aus extra dick ausgerolltem Teig bereiten. Ein Backblech mit Backpapier auslegen und die Kuchenteile nebeneinanderlegen. Im vorgeheizten Backofen (mittlere Schiebeleiste) bei 175 Grad (Elektro) oder Stufe 2–3 (Gas) etwa 10–15 Minuten backen. Dann vom Blech nehmen und abkühlen lassen. Anschließend einzeln mit dickem Puderzuckerguß (250 g Puderzucker und 2 Eiweiß vermischt) auf die Pappe kleben.
Tür- und Fensterumrahmungen dann auf die Pfefferkuchenwände kleben. Aus den Giebelfenstern Stroh hervorschauen lassen und an die Hauswand kleine Zweige kleben. Alles dick mit Puderzucker bestäuben.

Ganz schön pikant

Herzhaftes Backwerk für gesellige Stunden

Zwiebelkuchen

500 g Mehl
30 g Hefe
¼ l lauwarmes Wasser
125 g Schmalz
3 Eigelb
1 Prise Salz
1000 g Zwiebeln
200 g Speck
5 Eier
¼ l Sahne
Kümmel zum Bestreuen

Mehl in die Schüssel der Küchenmaschine geben. In die Mitte eine Mulde drücken. Hefe hineinbröckeln und zusammen mit etwas Wasser, Salz und Mehl vom Rand zu einem Vorteig verrühren. Schmalz zerlassen und abgekühlt zusammen mit dem Eigelb, Salz, restlichem Wasser und dem Vorteig mit dem Knethaken der Küchenmaschine zu einem festen Teig kneten. Zugedeckt 30 Minuten gehen lassen. Ein Backblech einfetten und den Teig darauf ausrollen.
Für den Belag die Zwiebeln schälen und im Schnitzelwerk der Küchenmaschine zerkleinern. Den Speck würfeln und zusammen mit den Zwiebeln in einer Pfanne anbraten. Dabei ständig hin- und herbewegen. Die Zwiebel-Speckmischung abkühlen lassen und dann auf dem Teig verteilen. Eier, Sahne und Salz in einem Becher verrühren und über die Zwiebel-Speckmischung gießen. Etwas Kümmel darüberstreuen. Das Blech in den vorgeheizten Backofen schieben (mittlere Schiebeleiste) und bei 200 Grad (Elektro) oder Stufe 3 (Gas) 30 Minuten backen. Den Kuchen sofort servieren.

TIP
Dieser Zwiebelkuchen läßt sich auf Vorrat backen und dann einfrieren, so daß unverhoffter Besuch keine Probleme mit sich bringt. Dazu sollte man einen herben Weißwein oder einen gut gekühlten Rosé servieren.

Anchovishappen

1 Packung tiefgefrorener
Blätterteig (300 g)
1 Dose Anchovisfilets
1 Eigelb, grobes Salz

Blätterteigscheiben nebeneinanderlegen und bei Zimmertemperatur auftauen lassen, dann zu doppelter Größe ausrollen. Plätzchen im Durchmesser von 6 cm ausstechen. Die Hälfte der Plätzchen mit je einem ½ Anchovisfilet belegen. Ränder mit verquirltem Eigelb bestreichen und die restlichen Plätzchen daraufsetzen. Gut andrücken. Oberfläche der Plätzchen mit verquirltem Eigelb bestreichen. Auf ein mit Wasser abgespültes Backblech setzen. Im vorgeheizten Ofen (mittlere Schiebeleiste) bei 220 Grad (Elektro) oder Stufe 4 (Gas) 10–15 Minuten backen. Ergibt 16–18 Stück.

Blätterteigkissen

1 Packung tiefgefrorener
Blätterteig (300 g)
50 g geriebener Parmesankäse
1 Eigelb, je ½ TL Mohn
Kümmel und grobes Salz oder grober
schwarzer Pfeffer

Die Blätterteigscheiben nebeneinanderlegen und bei Zimmertemperatur auftauen lassen, dann zu doppelter Größe ausrollen. Kleine Rechtecke ausradeln. Die Hälfte der Rechtecke mit geriebenem Käse bestreuen. Ränder mit verquirltem Eigelb bestreichen, die restlichen Rechtecke daraufsetzen. Die Ränder gut andrücken.
Die Oberfläche mit verquirltem Eigelb bestreichen und mit Mohn, Kümmel oder grobem Salz oder schwarzem Pfeffer bestreuen. Auf ein mit Wasser abgespültes Blech legen. Im vorgeheizten Ofen (mittlere Schiebeleiste) bei 220 Grad (Elektro) oder Stufe 3 (Gas) etwa 10–12 Minuten backen.

Blätterteig mit Lachs gefüllt

1 Packung tiefgefrorener Blätterteig
150 g frischer Lachs
1 Zwiebel, 20 g Butter
2 Stiele Dill, Salz, 1 Eigelb

Die Blätterteigscheiben nebeneinanderlegen und bei Zimmertemperatur etwa 20 Minuten auftauen lassen. Die Scheiben zu doppelter Größe ausrollen. Plätzchen im Durchmesser von etwa 6 cm ausstechen. Für die Füllung die Zwiebel schälen und sehr fein hacken. Butter zerlassen und die Zwiebelwürfel darin goldgelb rösten. Dann abgekühlt mit in kleine Würfel geschnittenem Lachs mischen. Gehackten Dill und Salz unterheben. Die Hälfte der Plätzchen mit je einem Teelöffel Lachsfarce belegen. Die Ränder mit verquirltem Eigelb bestreichen und die restlichen Plätzchen darüberdecken. Die Ränder gut andrücken. Die Oberfläche der Plätzchen mit verquirltem Eigelb bestreichen. Auf ein mit kaltem Wasser abgespültes Backblech setzen. In den vorgeheizten Backofen (mittlere Schiene) setzen. Bei 200 Grad (Elektro) oder Stufe 4 (Gas) etwa 10–15 Minuten backen.

TIP
Blätterteig immer auf einer nur leicht bemehlten Arbeitsfläche in zwei Richtungen ausrollen und zwar von unten nach oben und von links nach rechts. Für kleine Gebäckteile die Scheiben einzeln, je nach Rezept unausgerollt oder auf die angegebene Größe ausgerollt verwenden. Für große Gebäcke (Torten oder Schnitten) die Scheiben knappkantig übereinanderlappend zusammenlegen oder übereinanderliegend ausrollen. Blätterteig niemals zusammenkneten. Die einzelnen Teigschichten werden dadurch beschädigt und das Gebäck blättert nicht.

Zwiebel-Schinken-Gebäck

Für den Teig:
2 Packungen tiefgefrorener
Blätterteig (300 g)
Für die Füllung:
1–2 Zwiebeln
70 g gekochter Schinken
1 Knoblauchzehe
Salz, Pfeffer
Außerdem:
1 Eiweiß, 2 Eigelb

Die Blätterteigscheiben nebeneinanderlegen und bei Zimmertemperatur etwa 20 Minuten auftauen lassen. Die Längsränder von 4 Scheiben mit etwas Eiweiß bestreichen, die Scheiben etwas überlappen lassen und zu einer großen Scheibe (Teigplatte) zusammensetzen. Die Ränder vorsichtig zusammendrücken. Diese Teigplatte mit einem scharfen Messer in 9 Rechtecke schneiden. Für die Füllung die Zwiebeln schälen und in feine Würfel schneiden. Den Schinken ebenfalls sehr fein würfeln. Knoblauchzehe schälen und mit Salz zerdrücken. Alles in einem Schälchen mischen und in Butter kurz dünsten. Dann abkühlen lassen.
Auf die Mitte jedes Rechtecks einen Teelöffel der Füllung geben, die Ränder mit Eiweiß bestreichen, die Rechtecke zur Hälfte zusammenklappen und die Ränder andrücken. Die Teigstücke mit verquirltem Eigelb bestreichen und mit gewürztem Pfeffer bestreuen. Das Zwiebelgebäck auf ein mit kaltem Wasser abgespültes Backblech legen und 15 Minuten ruhen lassen. Dann in den vorgeheizten Backofen (mittlere Schiene) setzen und bei 225 Grad (Elektro) oder Stufe 4 (Gas) etwa 15 Minuten backen. Dieses Gebäck kann warm oder kalt gegessen werden.

TIP
Als Getränk schmeckt dazu ein kühles Pils und ein eisgekühlter Aquavit.

Zwiebeltorte

1 Packung tiefgefrorener
Blätterteig (300 g)
50 g fetter Speck
600 g Zwiebeln
4 Eier
150 g geriebener Emmentaler Käse
Salz, weißer Pfeffer
geriebene Muskatnuß
50 g durchwachsener Speck

Die Blätterteigscheiben übereinanderliegend auftauen lassen, ausrollen und eine ungefettete Springform von 28–30 cm Durchmesser damit auslegen. Dabei einen Rand von 1 cm hochziehen. Den Teigboden mit einer Gabel mehrere Male einstechen. Etwa 15 Minuten ruhen lassen. Dann in den vorgeheizten Backofen (mittlere Schiebeleiste) schieben und bei 220 Grad (Elektro) oder Stufe 4 (Gas) 10–15 Minuten backen.
Inzwischen den Belag zubereiten. Dazu den fetten Speck in kleine Würfel schneiden und in einer Pfanne auslassen. Die Zwiebeln schälen, in Scheiben schneiden und in dem ausgelassenen Speck dünsten. Eier, Käse und die Gewürze miteinander verrühren und unter die Zwiebeln geben. Alles in die Form auf den vorgebackenen Blätterteigboden geben.
Durchwachsenen Speck in kleine Würfel schneiden, darüberstreuen und die Backform nochmals für etwa 15 Minuten in den heißen Backofen schieben. Bei gleicher Temperatur backen. Das Ei der Zwiebelmasse soll stocken und die Zwiebeltorte eine goldbraune Farbe erhalten. Aus dem Ofen nehmen und dann sofort servieren.

Noch eine Idee: Wenn Sie lieber einen Mürbeteig bereiten wollen, probieren Sie dieses Rezept aus:

250 g Mehl, 1 Prise Salz
knapp 1/8 l Wasser, 100 g Butter oder Margarine

Alle Zutaten mischen und schnell zu einem Mürbeteig verarbeiten. 30 Minuten kühl stellen. Die Arbeitsfläche mit Mehl bestäuben. Zwei Drittel des Teiges darauf ausrollen und eine Springform von 24 cm Durchmesser auslegen. Den restlichen Teig zu einer Rolle formen, an den Boden legen, andrücken und an der Form hochziehen. Mehrmals einstechen. Den Belag einfüllen. Im vorgeheizten Backofen (untere Schiebeleiste) bei 200 Grad (Elektro) oder Stufe 3 (Gas) 25 Minuten backen.

Lauchtorte

Für den Teig:
200 g Mehl, ½ TL Salz
150 g Butter oder Margarine
3–4 EL Wasser
Für den Belag:
1500 g Lauch (Porree)
3 Zwiebeln
1 Knoblauchzehe
80 g durchwachsener Speck
40 g Butter oder Margarine
1 Becher Crème fraîche
1 Ei
2 gestrichene EL Mehl
Salz, weißer Pfeffer
Fett für die Form
Semmelbrösel

Mehl, Salz, kaltes Fett und das Wasser zu einem glatten Teig verarbeiten. 30 Minuten kühl stellen. Für den Belag Lauch putzen, waschen, in dünne Ringe schneiden und gut abtropfen. Zwiebeln und Knoblauch schälen und fein hakken. Den Speck würfeln und in einer Pfanne mit Butter oder Margarine auslassen. Lauchringe, Zwiebeln und Knoblauch zugeben. 5–8 Minuten dünsten. Dann abkühlen lassen.
Crème fraîche, Ei, Mehl, Gewürze verrühren und mit dem Gemüse mischen. Eine Springform (24 cm Durchmesser) einfetten. Den Teig ½ cm dick ausrollen und die Form damit auskleiden. Einen Rand (2 cm) hochziehen und festdrükken. Den Boden mit Semmelbröseln ausstreuen. Die Gemüsemischung darauf verteilen. In den vorgeheizten Backofen (mittlere Schiebeleiste) stellen und bei 200 Grad (Elektro) oder Stufe 3 (Gas) 45–50 Minuten backen. Die Lauchtorte heiß servieren.

TIP
Wer mag, kann im Frühjahr den Lauch mit Frühlingszwiebeln mischen. Auch fein geraspelte Möhren und feingeschnittener Knollensellerie daruntergemischt, schmeckt hervorragend.

Schweineleberpastete

Für die Füllung:
1 kleines Schweinefilet (150 g)
1 Glas (4 cl) Weinbrand, Salz, Pfeffer
½ TL Pastetengewürz
Für den Teig:
1 Packung tiefgefrorener Blätterteig
Für die Pastete:
2 eingeweichte Brötchen, 1 Zwiebel
1 Röhrchen Sardellenfilets
500 g Schweineleber
250 g gemischtes Hackfleisch, 1 Eigelb
3 EL Sahne, Salz, weißer Pfeffer
Außerdem:
Fett z. Braten, 1 Dose Champignons (115 g)
1 Eigelb zum Bestreichen
3 Blatt weiße Gelatine, 2 EL Weinbrand
1/16 l Fleischbrühe (Instant)

Filet in Weinbrand und Gewürzen durchziehen lassen. Die Blätterteigscheiben auftauen lassen.
Für die Pastete ausgedrückte Brötchen, Zwiebeln, Sardellenfilet, pürierte Leber, Hackfleisch, Eigelb, Sahne und Gewürzen mischen. Schweinefilet abtropfen. Rundherum in Fett anbraten. Abkühlen lassen. Champignons in Scheiben schneiden.
Blätterteigplatten zu einem Rechteck ausrollen. Eine Kastenform damit auskleiden. Schweinefilet in Scheiben schneiden. Fleischteig, Champignons und Filetscheiben schichtweise in die Form füllen. Oberste Schicht soll Fleischteig sein. Die restliche Teigplatte als Deckel obenauf legen.
Vorher ein Loch einschneiden. Aus Teigresten kleine Ornamente ausstechen und mit Eigelb auf die Oberfläche kleben. Die Form in den vorgeheizten Backofen (mittlere Schiebeleiste) in eine mit Wasser gefüllte Fettpfanne stellen. Bei 220 Grad (Elektro) oder Stufe 4 (Gas) 60 Minuten garen. Aus dem Ofen nehmen und abkühlen lassen. Gelatine in Fleischbrühe auflösen. Mit Weinbrand abschmecken. Die Flüssigkeit durch das »Kaminloch« gießen. Die Pastete 2 Tage stehen lassen.

Gentleman-Torte

1 Packung tiefgefrorener Blätterteig (300 g)
400 g Frischkäse
2 Eigelb
1 gestrichener TL Salz
½ TL weißer Pfeffer
1 Messerspitze Zucker
⅛ l Sahne
2 gestrichene TL Paprika edelsüß
1 Packung tiefgefrorene Kräuter
2 hartgekochte Eier
6 gefüllte Oliven
4 kleine Chilischoten
1 TL gehackte Pistazien
Kresse zum Garnieren

Blätterteig nach Anweisung auf der Packung auftauen lassen. Je zwei Teigscheiben übereinanderlegen und ausrollen. 2 Tortenböden (26 cm Durchmesser) ausschneiden. Die Teigreste zusammen mit der fünften Teigscheibe ausrollen. Daraus einen dritten Tortenboden herstellen. Böden auf ein mit Pergamentpapier belegtes Backblech setzen, mit einer Gabel mehrmals einstechen und 15 Minuten ruhen lassen. Backblech in die Mitte des vorgeheizten Backofens schieben. Die Böden bei 220 Grad (Elektro) oder Stufe 4 (Gas) 8–10 Minuten backen.
Den Frischkäse und Eigelb, Salz, Pfeffer und Zucker schaumig rühren. Die Sahne steif schlagen und unter die Käsecreme ziehen. Die Käsecreme in drei Teile teilen. Einen Teil mit Paprikapulver verrühren, den zweiten Teil mit Kräutern mischen und den dritten Teil in einen Spritzbeutel füllen. Einen Blätterteigboden mit der Paprikamasse bestreichen. Darauf den zweiten Boden legen. Diesen mit Kräutercreme bestreichen. Den letzten Boden darauflegen. Die Oberfläche der Torte mit der weißen Creme garnieren und mit Eiern, Oliven, Chilischoten, Pistazien und Kresse garnieren.

Schlemmer-Pizza mit Champignonsalat

(für 1 Person)

Für die Pizza:
1 tiefgefrorene Schlemmer-Pizza
Salami
Für den Salat:
2 EL Zitronensaft, Salz,
1 Prise Zucker, Curry
3 EL Öl, je 1 TL tiefgefrorener Dill
Schnittlauch und Petersilie
1 Zwiebel, 1 kleiner Apfel
150 g Champignons

Für den Salat Zitronensaft, Gewürze, Öl und Kräuter in einer Schüssel verrühren. Zwiebel in Ringe schneiden. Den Apfel in Achtel schneiden, das Kerngehäuse entfernen und die Apfelstücke in Scheiben schneiden. Die Champignons abspülen, säubern und in dünne Scheiben schneiden. Alle Salatzutaten mit der Marinade mischen und zugedeckt 20 Minuten durchziehen lassen.
Für die Pizza den Backofen 15 Minuten bei 225 Grad (Elektro) oder Stufe 4 (Gas) vorheizen. Die Folie, in die die Pizza eingewickelt ist, entfernen. Die Pizza dann auf ein wenig gefettetes Backblech legen, eventuell mit 1 Eßlöffel Öl beträufeln. Das Blech auf die mittlere Schiebeleiste setzen. Bei 225 Grad (Elektro) oder Stufe 4 (Gas) 12 Minuten backen. Sehr heiß servieren.

TIP
Wer mag, kann die Pizza noch üppiger mit den schon vorhandenen Zutaten belegen. Auch frisch geriebener Parmesankäse oder Mozzarella-Käse in kleine Stückchen geschnitten kann auf die Pizza zusätzlich gegeben werden. Als Getränk sollte dazu ein leichter Rosé oder ein Rotwein serviert werden.

Pizza mit Meeresfrüchten

Für den Teig:
250 g Mehl, 20 g Hefe
etwa ⅛ l lauwarmes Wasser
1 EL Öl, Salz, 3 EL Öl zum Einfetten und Bestreichen
Für den Belag:
1 Zwiebel, 1 Knoblauchzehe
1 EL Sardellenpaste, 5 EL Olivenöl
Salz, weißer Pfeffer
1 kräftige Prise zerriebene Kräuter der Provence
3 EL Tomatenmark
1000 g Meeresfrüchte aus der Dose, frisch oder tiefgefroren, wie Tintenfisch, Scampi, Thunfisch in Öl, geräucherte Muscheln in Öl, Miesmuscheln
Außerdem:
einige schwarze Oliven
2 EL gehackte Kapern
2 EL tiefgefrorene Petersilie

Für den Teig Mehl in eine Schüssel geben. In die Mitte eine Mulde drücken. Hefe reinbröckeln. Mit etwas Wasser zum Vorteig verrühren. Zugedeckt 15 Minuten gehen lassen. Restliches Wasser, Öl und Salz zufügen. Zu einem glatten Teig schlagen, bis er Blasen wirft und sich vom Schüsselrand löst. Ein Backblech oder zwei Springformen (26 cm Durchmesser) mit Öl bestreichen und den Teig darin ausrollen. Einen Rand von 1 cm hochziehen. Teig auch dünn mit Öl bestreichen. Für den Belag gewürfelte Zwiebel und Knoblauchzehe, Sardellenpaste, Öl, Gewürze und Tomatenmark verrühren. Den Teig damit bestreichen. Die Meeresfrüchte aufgetaut, abgetropft und kleingeschnitten darauf verteilen. Ebenso die Oliven, Kapern und Petersilie. Nochmals mit Öl beträufeln. In den vorgeheizten Backofen schieben (mittlere Schiene) und bei 220 Grad (Elektro) oder Stufe 4 (Gas) etwa 15 Minuten backen. Dann sofort in Stücke schneiden und heiß servieren.

Schinkentaschen

1 Packung tiefgefrorener Blätterteig (300 g)
10 Scheiben roher Schinken
1 Eigelb

Die Blätterteigscheiben nebeneinanderlegen und bei Zimmertemperatur auftauen lassen. Die Scheiben zu einer Größe von 10 × 20 cm ausrollen. Von der langen Seite einen ½ cm breiten Streifen abschneiden. Die Platten zu je 2 Quadraten teilen. Auf jedes Quadrat eine aufgerollte Schinkenscheibe legen. Die Teigränder mit verquirltem Eigelb bestreichen und zusammenklappen. Die Ränder gut andrücken. Die Oberfläche auch mit verquirltem Eigelb bestreichen und die ebenfalls bestrichenen Teigstreifen kreuzweise darauflegen. Auf ein mit kaltem Wasser abgespültes Backblech legen und 15 Minuten ruhen lassen. Bei 210–220 Grad (Elektro) oder Stufe 3–4 (Gas) auf der mittleren Schiene etwa 10–15 Minuten backen. Ergibt etwa 10 Stück.

TIP
Statt des rohen Schinkens können dafür auch andere Fleischfüllungen verwendet werden. Auch gewürfelter gekochter Schinken oder pikant gewürztes Schweinemett kann für diese kleinen Teigtaschen verarbeitet werden. Selbstverständlich ist Blätterteig auch eine Mithilfe für die Resteverwertung, indem man gewürfelte Fleischreste vom Vortag in Butter andünstet, abkühlt und in den Blätterteig füllt.

Hackfleischtaschen

2 Packungen tiefgefrorener Blätterteig (300 g)
1 Eiweiß
200 g gemischtes Hackfleisch
1 kleine Zwiebel
Salz
weißer Pfeffer
1 Eigelb
1 Messerspitze mittelscharfer Senf
1 Eigelb zum Bestreichen

Die Blätterteigscheiben nebeneinanderlegen und bei Zimmertemperatur etwa 20 Minuten auftauen lassen. Jede Teigscheibe auf 12 × 20 cm ausrollen.
Für die Füllung das Hackfleisch in eine Schüssel geben. Die Zwiebel schälen und fein hacken. Zusammen mit den Gewürzen, Eigelb und Senf verrühren. In die Mitte jeder Teigplatte etwas Füllung geben. Den Teig ringsherum mit Eiweiß bestreichen und dann überklappen. Am Rand etwas festdrücken. Die Teigoberfläche mit verquirltem Eigelb bestreichen. Auf ein mit kaltem Wasser abgespültes Backblech legen. In den vorgeheizten Backofen (mittlere Schiebeleiste) setzen und bei 220 Grad (Elektro) oder Stufe 4 (Gas) 12–15 Minuten backen. Dann herausnehmen und sofort servieren.
Beilage: frischer grüner Salat und ein spritziger Moselwein.
Wenn etwas übrigbleibt, backen Sie die Hackfleischtaschen einfach noch einmal auf. Allerdings kann dieses leckere Gebäck auch kalt gegessen werden.

TIP
Ausgerollten, geformten Blätterteig vor dem Backen immer 15 Minuten, möglichst an einem kühlen Ort, ruhen lassen. Ideal ist die Lagerung im Kühlschrank. Während der Ruhezeit entspannt sich der Teig. Er »schnurrt« beim Backen dann nicht so stark zusammen.

Käseschleifen

1 Packung tiefgefrorener Blätterteig
200 g geriebener Emmentaler Käse
1 Eiweiß
2 TL Sahne
1 Eigelb

Die Blätterteigscheiben nebeneinanderlegen und bei Zimmertemperatur etwa 20 Minuten auftauen lassen. Jede Teigscheibe auf 12 × 20 cm ausrollen. Den Käse und das Eiweiß verrühren. Sahne unterrühren. Die Füllung auf die Teigscheiben streichen, sie zur Hälfte zusammenklappen und längs halbieren, so daß Rechtecke von 6 × 10 cm entstehen. Jedes Rechteck in der Mitte etwa 4 cm einschneiden. Ein Ende durch diese Öffnung ziehen. Mit Eigelb die Teigoberfläche bestreichen. Auf ein mit kaltem Wasser abgespültes Backblech legen. 10–15 Minuten ruhen lassen. In den vorgeheizten Backofen (mittlere Schiebeleiste) setzen und bei 220 Grad (Elektro) oder Stufe 4 (Gas) etwa 13–15 Minuten backen.

TIP
Für Blätterteig gewünschte Formen mit einem scharfen Teigrädchen oder einem dünnen scharfen Messer aus dem Teig schneiden oder mit scharfkantigen Ausstechformen ausstechen. Sind Messer, Teigrädchen oder Ausstechformen nicht scharfkantig genug, werden die Teigränder gedrückt statt geschnitten. Sie kleben dann leicht aneinander und können nicht gleichmäßig aufgehen.
Das Backblech oder die benötigte Backform stets mit kaltem Wasser abspülen. Das Abspülen dient beim Backen der Dampfentwicklung. Der Dampf unterstützt das Aufgehen des Teiges. Das Blech oder die Formen müssen nicht gefettet werden, da der Blätterteig selbst viel Fett enthält.

Pikantes Blätterteiggebäck

Blätterteigstangen

1 Packung tiefgefrorener Blätterteig (300 g)
1 Eigelb zum Bestreichen
grobes Salz
Kümmel
Mohn

Die Blätterteigscheiben nebeneinanderlegen und bei Zimmertemperatur etwa 20 Minuten auftauen lassen. Mit einem Kuchenrädchen Teigstreifen von 1½ cm Breite und 8 cm Länge ausradeln. Die Streifen korkenzieherartig drehen und auf ein mit kaltem Wasser abgespültes Backblech legen. Die Stangen mit verquirltem Eigelb bestreichen und mit Mohn, Kümmel oder grobem Salz bestreuen. In den vorgeheizten Backofen schieben (mittlere Schiebeleiste) und bei 220 Grad (Elektro) oder Stufe 4 (Gas) etwa 15–20 Minuten backen. Ergibt etwa 30 Stangen.

Käsestangen

1 Packung tiefgefrorener Blätterteig (300 g)
1 Eigelb zum Bestreichen
60 g Emmentaler Käse, Paprika edelsüß
weißer Pfeffer, Kümmel
grobes Salz, Mohn

Vier Blätterteigscheiben nebeneinanderlegen und bei Zimmertemperatur etwa 20 Minuten auftauen lassen. 2 Teigplatten auf je 10 × 20 cm ausrollen und leicht mit verquirltem Eigelb bestreichen. Eine Teigplatte mit Käse, Paprikapulver und Pfeffer bestreuen. Die andere Platte darauflegen, mit dem Rollholz festrollen und in 1 cm breite und 20 cm lange Streifen schneiden oder ausradeln. Die Streifen zu Spiralen drehen, mit Eigelb bestreichen und mit Kümmel, grobem Salz oder Mohn bestreuen. Wie die Blätterteigstangen backen. Ergibt etwa 10 Stück.

Kleingebäck

1 Packung tiefgefrorener Blätterteig (300 g)
1 Eigelb zum Bestreichen
grobes Salz
Mohn
Sesam

Die Blätterteigscheiben nebeneinanderlegen und bei Zimmertemperatur etwa 20 Minuten auftauen lassen. Mit einem runden Ausstecher oder einem Glas Kreise oder Halbmonde ausstechen. Mit einem kleinen Teigrädchen kleine Quadrate ausschneiden. Die Formen mit verquirltem Eigelb bestreichen und mit grobem Salz, mit Mohn und mit Sesam bestreuen. Die Teigstücke auf ein mit kaltem Wasser abgespültes Backblech legen. 15 Minuten ruhen lassen. In den vorgeheizten Backofen (mittlere Schiene) setzen und bei 220 Grad (Elektro) oder Stufe 4 (Gas) etwa 5–10 Minuten backen.

TIP
Es gibt zwei Gründe, warum Blätterteig mit Eigelb bestrichen werden muß: 1. um zwei Teigplatten oder -ränder zusammenzukleben, 2. um der Gebäckoberfläche eine schöne Farbe zu geben. Das Eigelb sollte stets mit etwas Wasser oder Milch verrührt werden. Beim Bestreichen die Schnittkanten so gut wie möglich aussparen, da die Teigschichten sonst zusammenkleben und das luftige Aufgehen verhindert wird. Das Gebäck könnte sonst dadurch schief werden.
Zum Backen von Blätterteig den Backofen immer vorheizen. Die im Rezept angegebene Temperatur einstellen, mindestens aber 220 Grad im Elektroherd oder Stufe 4 im Gasherd. Blätterteig verträgt starke Hitze, da er keinen Zucker enthält und deshalb langsam bräunt. Blätterteig in die Mitte des Ofens schieben und in der im Rezept angegebenen Zeit hellbraun backen.

Das Auge ißt mit

Auf die Form kommt es an

Runde Formen und eckige Backbleche gab es schon immer. Seit einiger Zeit können Sie die früher in Steingut hergestellten Formen auch aus Metall in Hasen-, Lämmchen-, Fisch- und vielerlei anderen Tiergestalten kaufen. Auch Herz-, Stern-, Kleeblatt- und Reliefformen – übrigens sehr dekorativ – werden angeboten. Die Reliefs prägen sich beim Backen im Kuchenteig ab. Zusätzlich können diese Reliefs durch Garnierungen hervorgehoben werden. Überziehen Sie zum Beispiel ein Clown-Gesicht mit weißem Zuckerguß. Nach dem Trocknen setzen Sie die Konturen mit farbigem Zuckerguß ab. Andere Kuchen können zusätzlich mit Schokoladenraspeln, Liebesperlen oder Mandeln garniert werden. Auch als Geschenk ist so ein Kuchen allein schon wegen der individuellen Gestaltungsmöglichkeiten geeignet.

Schwelgen Sie in Farben

Bevor nun ein Gebäck mit weiteren Details verziert wird, sollte es erst mit einer »Grundfarbe« überzogen werden. Verwenden Sie entweder helle bzw. dunkle Kuchenglasur oder Zuckerguß, den Sie beliebig mit Lebensmittelfarben einfärben können. Die Lebensmittelfarben – erhältlich in gut sortierten Lebensmittelgeschäften – gibt es flüssig in 4 Farbtönen: rot, blau, grün und gelb. Als Pulver gibt es etwa 10 Farbtöne. Flüssige und Pulverfarben können beliebig gemischt werden, so daß jeder Farbton erzielt werden kann. Mischen Sie jedoch nie mehr als drei Farben zusammen, sonst wirkt die Farbe unansehnlich. Haben Sie keine Lebensmittelfarben zur Hand, dann nehmen Sie Kaffee oder Kakao, Fruchtsirup oder farbige Liköre. So können Sie zum Beispiel Dessert-Schaum statt mit Wasser mit grünem Likör aufschlagen.

Kleines Zuckerzeug in Hülle und Fülle

Passenden Blüten- und Blätterschmuck aus Zuckerzeug gibt es eigentlich schon für jeden Anlaß, angefangen von Blümchen in allen Farben für Torten zum Geburtstag oder zur Kindtaufe bis zu kleinen weißen Täubchen, die Sie als turtelndes Paar auf eine mit schneeweißem Zuckerguß überzogene Torte setzen können.

Torten – schlicht bis kunstvoll

Torten brauchen nicht nur einfach, sie können auch doppel- oder dreistöckig sein, d.h. eine Torte von kleinerem Durchmesser wird jeweils auf eine größere gesetzt. Garnieren Sie alle Böden mit dem bereits vorgestellten Zukkerwerk. Daneben gibt es noch hundert andere Möglichkeiten: verwenden Sie zierlich geformtes Kleingebäck, Schokoladentaler oder -streusel, feingeschnittene Borkenschokolade, gehackte Pistazien, kandierte Veilchen, Gummibärchen oder Silberperlen. Dies sind nur einige Vorschläge, sicher fallen Ihnen weitere originelle Garnierideen ein!

Auch mit Obst kann garniert werden

Obst, frisch oder kandiert, eignet sich ebenfalls hervorragend zum Garnieren von Torten. Es müssen nicht immer Kirschen sein – Kiwischeiben, Orangenspalten, Mandarin-Orangen, entkernte Weintrauben, kandierte Orangen- oder Zitronenscheiben und Mirabellen sehen nicht nur hübsch aus, sie schmekken auch gut! Allerdings sollte die Grundierung immer mit der Geschmacksrichtung des Gebäcks übereinstimmen. Nicht nur Obst, auch Haselnuß-, Mandel- oder Walnußkerne eignen sich hervorragend zum Garnieren. Eine Kombination verschiedener Nüsse mit kandierten Früchten ergibt eine effektvolle Tortengarnierung.

Hübsch gespritzte Muster

Feine Schokoladenmuster auf hellem Grund sind immer ein dekorativer Blickfang. Überziehen Sie die Torte zunächst mit einem dünnen Puderzuckerguß. Spritzen Sie dann mit einer festeren Schokoladenglasur von der Mitte aus eine Spirale auf die noch feuchte Zuckergußgrundierung. Nehmen Sie dazu eine Tüte aus Pergamentpapier und schneiden Sie in eine Ecke eine stecknadelgroße Öffnung – fertig ist die Spritztüte. Abwechselnd von der Mitte nach außen und umgekehrt ziehen Sie mit einem spitzen Hölzchen oder einer Messerspitze gerade oder wellenförmige Linien. Dabei fließen die helle und dunkle Farbe zu einem feingesponnenen Netz ineinander.

Spritzbeutel oder Garnierspritze

Zum Garnieren mit Sahne oder Buttercreme werden im Handel Spritzbeutel und Garnierspritzen mit verschiedenen Tüllen angeboten. Jeder schwört dabei auf sein Handwerkszeug. Der eine mag den aus imprägniertem Leinen oder Kunststoff hergestellten Spritzbeutel, der andere bevorzugt die starre Garnierspritze aus Plastik. Mit einem Spritzbeutel, in den man gleich eine größere Portion Creme oder Sahne einfüllen kann, kommt man beim Garnieren am besten zurecht. Die Tüllen dazu gibt es mit glattkantiger Öffnung oder gezackter Sternform jeweils in verschiedenen Größen für schmale oder breite Garnierung.

So benutzt man den Spritzbeutel: Die gewünschte Tülle auf den Spritzbeuteleinsatz schrauben. Den Beutel oben etwas nach außen umstülpen, die Creme oder die Sahne einfüllen. Zum Garnieren den Spritzbeutel senkrecht halten. Mit der linken Hand halten Sie den Spritzbeutel knapp oberhalb der Füllung fest und drücken die Creme oder Sahne heraus. Mit der rechten Hand führen Sie den Spritzbeutel. Umfassen Sie nur die Tülle und den Tüllenansatz, aber auf keinen Fall den Beutel, denn sonst wird die Creme durch die Handwärme weich, die Sahne zerläuft. Übrigens gibt es auch Spritztüten aus Papier zum einmaligen Gebrauch in Haushaltswarengeschäften zu kaufen. Vorn an der Spitze schneiden Sie die gewünschte Öffnung in beliebiger Größe. Schneiden Sie die Spitze glatt ab, erhalten Sie eine einfache Garnierung; schneiden Sie Zacken hinein, wirkt die Garnierung wie aus einer Sterntülle gespritzt.

Und nun geht's ans Garnieren:

In den sieben Abbildungen zeigen wir Ihnen verschiedene Garnierungen, die mit der Sterntülle gespritzt sind.

Glatte Linie

Setzen Sie die Sterntülle in den Spritzbeutel ein und drücken Sie die Creme gleichmäßig heraus. Führen Sie den Spritzbeutel in einer geraden Linie, bis die gewünschte Länge erreicht ist.

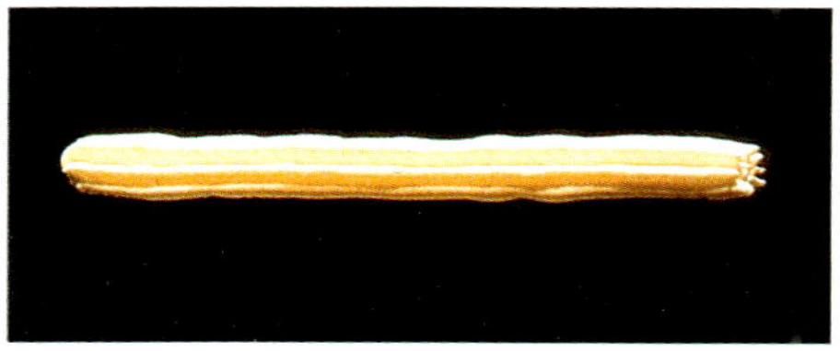

Sternchen

Den Spritzbeutel mit Sterntülle senkrecht halten und etwas Creme herausdrücken. Ist das Sternchen groß genug, den Spritzbeutel kurz nach oben hin wegziehen.

Zickzacklinie

Bewegen Sie den Spritzbeutel mit der Sterntülle im Zickzack. Man kann auch auf dem Tortenstück in der Mitte schmal beginnen und zum Rand hin immer breiter werden.

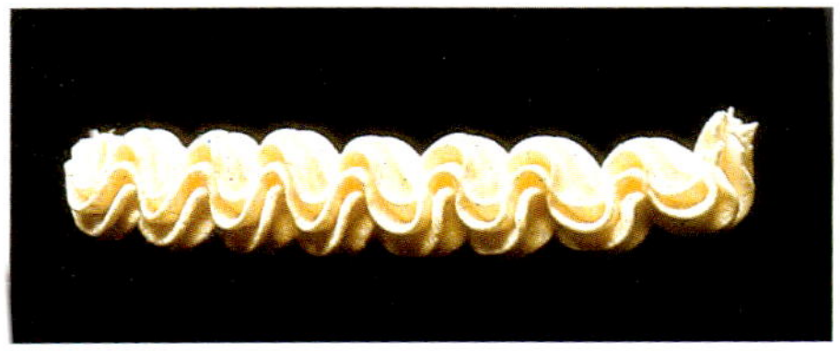

Rosetten und Ringe

Drehen Sie mit der Sterntülle verschieden große Kreise, die Sie zu hübschen Rosetten zusammensetzen können. Krönen Sie die Ringe mit kandierten Früchten oder Kaffeebohnen.

Kleine Schillerlocken

Hierfür werden Sterntüllen in beliebiger Größe verwendet. Auf jedes Tortenstück von links nach rechts dicht aneinandergelegte Schlingen spritzen; beginnen Sie in der Kuchenmitte.

Große Schillerlocken

Von der Mitte ausgehend nach links hin dicht aneinandergelegte Schlingen spritzen. Beginnen Sie mit kleinen Kreisen, die zum Rand hin immer größer werden. Verzieren Sie auf diese Weise jedes einzelne Tortenstück.

Achterschlingen

Legen Sie mit der Sterntülle abwechselnd nach links und nach rechts kleine Schlingen dicht aneinander, die möglichst gleichmäßig ausfallen sollten. Besonders hübsch wirken Achterschlingen als Randdekoration von Torten. Dabei spritzt man die Außenschlingen größer.

Katze und Löwe

Für den Teig:
500 g Mehl, 1 Ei, 250 g Zucker
2 Päckchen Vanillinzucker
300 g Butter oder Margarine
Für den gelben Zuckerguß:
250 g Puderzucker, 3 EL Wasser
einige Tropfen gelbe Lebensmittelfarbe
Außerdem:
Mittelgroße und kleine
Zuckerperlen in allen Farben,
Schokoladenstreusel, bunte Zuckerstreusel
Für den Schokoladenguß:
100 g geriebene Schokolade
150 g Puderzucker
15 g Kokosfett, 3 EL heißes Wasser
Für die weiße Glasur:
250 g Puderzucker, 3 EL heißes Wasser

Mehl auf ein Backbrett geben. In die Mitte eine Mulde drücken. Ei, Zucker und Vanillinzucker in die Mulde geben. Butter oder Margarine in Flöckchen auf dem Rand verteilen. Von außen nach innen schnell zu einem Mürbeteig kneten. 30 Minuten kühl stellen. In der Zwischenzeit kleine und größere Schablonen für den Löwen und die Katze herstellen. Zeichnen Sie die Tiere auf dünnen Karton und schneiden Sie sie aus. Je nach Zeichentalent können Sie auf diese Weise einen ganzen Zoo basteln. Dann den Teig – nehmen Sie erst ein Drittel des Teiges – auf der leicht bemehlten Arbeitsfläche nicht zu dünn ausrollen. Die Pappschablonen darauflegen und die Tierumrisse mit einem spitzen, scharfen Messer nachschneiden. Die Zoo-Tiere auf ein mit Backpapier ausgelegtes Blech legen. In den vorgeheizten Backofen (mittlere Schiebeleiste) schieben und bei 180 Grad (Elektro) oder Stufe 2 (Gas) etwa 15 Minuten backen. Auf einem Kuchengitter auskühlen lassen.
Puderzucker, etwas gelbe Lebensmittelfarbe und Wasser verrühren. Alle Löwen bekommen damit ihr gelbes Fell. Den Guß etwas trocknen lassen und in der Zwischenzeit den Schokoladenguß zubereiten: Die Schokolade auflösen. Den Puderzucker mit dem heißen Wasser verrühren. Das Kokosfett zerlassen und abgekühlt unterrühren. Alle Löwen erhalten nun Gesicht und Schwanz aus Schokolade und die Katzen einen Schokoladenpelz. Sobald der gelbe Zuckerguß und der Schokoladenguß leicht angetrocknet sind, können die Zuckerperlen und Schokoladenstreusel darauf gestreut werden. Eventuell mit dem Messerrücken leicht andrücken. Als Augen setzen Sie größere Perlen ein. Jetzt bekommen die Katzen weiße Pfötchen und Schnurrhaare, einen weißen Tupfen auf Schwanz, Stirn und Schnauze. Für den weißen Guß verrühren Sie 250 g Puderzucker mit 3 EL heißem Wasser. Lassen Sie den Guß wiederum leicht antrocknen. Ganz zum Schluß malen Sie den Katzen noch Krallen und Schnäuzchen aus Schokoladenguß auf. Sollte der Guß inzwischen zu fest geworden sein, erwärmen Sie ihn leicht auf der kleinsten Hitzestufe. Legen Sie alle Tiere vorsichtig zum Trocknen beiseite.

Torten-Schablonen für jede Gelegenheit

Mit Schablonen, die aus abwaschbarem Material hergestellt sind, ist das Garnieren recht einfach. Es gibt Schablonen mit Schriftzügen zu den unterschiedlichsten Anlässen, mit Tiermotiven und Ornamenten. Die Schablonen legen Sie auf die Torte und stäuben Puderzucker durch ein Sieb darüber. Die Schablone vorsichtig abnehmen, das gewünschte Muster ist fertig. Achten Sie auf Kontraste: Bestäuben Sie einen hellen Teig mit Kakao und einen dunklen Teig mit Puderzucker. Wenn Sie Schablonen auf einem Puderzuckerguß verwenden wollen, muß der Guß ganz trocken sein.

Marzipan für Kinder und Erwachsene

Hübsch sehen Torten mit Marzipanverzierung aus. Eine Vielzahl an Figuren können Sie beim Bäcker oder in Konditoreien kaufen. Mit etwas handwerklichem und künstlerischem Geschick fertigen Sie diese aber auch selbst an.
Und so wird's gemacht:
Marzipanrohmasse wird mit Puderzukker verknetet. Mit Lebensmittelfarben in die gewünschte Farbe einfärben und die Motive formen oder ausstechen. Rosenblüten zum Beispiel werden aus runden Blättchen zusammengesetzt, die man aus einer ausgerollten Marzipanplatte aussticht.

Zuckerschrift aus der Tube

Nun brauchen Sie nicht mehr selbst den Zuckerguß anzurühren und einzufärben. Zuckerschrift gibt es jetzt schon fix und fertig – vier verschiedene Farben in einer Packung. Spielend leicht können Sie mit der Zuckerschrift die gewünschten Garnierungen vornehmen.
Für Kinder ist es ein Riesenspaß, einen selbstgebackenen Kuchen kunstgerecht und einfach garnieren zu können.

Festtagstorte

Für den Teig:
170 g Butter oder Margarine
4 Eier
125 g Zucker, 250 g Mehl
Butter oder Margarine für die Form
Zum Bestreichen:
1 Glas Johannisbeergelee
3 EL Wasser
Zum Garnieren:
250 g Puderzucker
2 EL Zitronensaft
2 EL Himbeersirup
etwas rote Lebensmittelfarbe
1 Packung Zuckerschrift
1 Packung dunkle Kuchenglasur
1 Packung Plätzchenschmuck

Für den Teig Butter oder Margarine, Eier und Zucker etwa 15 Minuten rühren, dann das Mehl zufügen. Eine Springform (24 cm Durchmesser) einfetten und ein Sechstel des Teigs einfüllen. Im vorgeheizten Backofen (mittlere Schiebeleiste) bei 200 Grad (Elektro) oder Stufe 3 (Gas) nacheinander 6 Böden backen, leicht abgekühlt aus der Form nehmen und auf ein Kuchengitter stürzen. Johannisbeergelee und Wasser verrühren, die Tortenböden damit bestreichen und wieder zusammensetzen. Für den Guß Puderzucker, Zitronensaft und Himbeersirup verrühren. Sollte der Guß nicht rosa genug sein, geben Sie einige Tropfen Lebensmittelfarbe hinzu. Die Torte mit dem Guß auf der Oberfläche und dem Rand bestreichen. Gut trocknen lassen. Dann mit den verschiedenen Farben der Zuckerschrift Ranken und Blümchen auf die Torte malen.
Wenn die Torte nicht mit Guß und Schrift garniert werden soll, backen Sie die verschiedenen Böden in einer Herzform. Wie oben beschrieben bestreichen und zusammensetzen. Für die Garnierung die dunkle Kuchenglasur auflösen und das Herz damit oben und am Rand bestreichen. Die Glasur leicht trocknen lassen und mit reichlich Plätzchenschmuck garnieren.

Gut sortiert – Plätzchenschmuck

Wer wenig Zeit hat, freut sich über dieses schmückende Garnierwerk: Eine Packung besteht aus sechs verschieden gefüllten Röhrchen, in denen Perlen, Pastillen, Streusel und andere lustige Garnierungen enthalten sind. Dieser Plätzchenschmuck wird einfach auf feuchten Zuckerguß oder Kuchenglasur gelegt oder gestreut. Die hübschesten Garnierungen können damit in kürzester Zeit gezaubert werden.

Geduld und Liebe zum Detail

Bei allen Garnierungen braucht man etwas Geduld, eine kleine Portion Geschick, aber auch eine große Liebe zum Detail. Natürlich benötigt man auch eine ruhige Hand, denn sonst sieht die Garnierung nicht akkurat aus. Doch auch Garnieren läßt sich lernen! Die Sicherheit im Umgang mit dem Spritzbeutel erhält man durch Übung. Probieren Sie zuerst mit einer Portion Kartoffelpüree, die Sie auf einen flachen Teller spritzen.

Zuckerguß und Spritzglasur

Nicht nur aus Sahne oder Creme können hübsche Garnierungen vorgenommen werden, auch Glasuren sind ein wichtiger Bestandteil der Hausbäckerei. Hier sind einige Beispiele.

Weiße Spritzglasur
125 g Puderzucker
1 Eiweiß
2–3 Tropfen Zitronensaft
Puderzucker in eine Schüssel sieben. Eiweiß zugeben und alles mit dem Rührbesen des elektrischen Handrührgerätes verrühren. Zitronensaft tropfenweise zugeben. Die Spritzglasur muß in dikken Tropfen vom Löffel fallen. Diesen Guß geben Sie in eine Spritztüte. Dazu einen Bogen Pergamentpapier diagonal falten und durchschneiden. Das Dreieck zu einer Tüte aufrollen. Den Anfang und das Ende in die Tüte hineinschlagen. Damit ist eine spitze Tüte mit einem winzig kleinen Löchlein entstanden. Sollte es zu klein sein, mit der Schere vorsichtig die Spitze abschneiden. Wenn das Loch im Laufe der Arbeit verstopfen sollte, mit einer Nadel von außen durchstechen. Die fertige Glasur in die Pergamenttüte füllen. Die Tüte oben zuknicken.

TIP
Wenn Sie mit dunkler Zuckerschrift auf einen hellen Untergrund, der auch aus Zuckerguß besteht, schreiben wollen, dann muß die unterste Schicht völlig getrocknet sein.

Zuckerglasur
250 g Puderzucker
3 EL Wasser
Puderzucker in eine Schüssel sieben. Das Wasser zufügen und alles glattrühren. Es muß eine dickflüssige Masse entstehen. Diese Masse sofort verbrauchen.

Zitronen- oder Orangenglasur
250 g Puderzucker
3 EL Zitronensaft – oder Orangensaft
Puderzucker in eine Schüssel sieben. Mit dem durchgeseihten Saft glattrühren. Der Saft muß unbedingt durch ein Sieb gegossen werden, damit keine Kerne oder Zelluloseteilchen in die Glasur geraten.

Rumglasur
250 g Puderzucker
3 EL Rum
Den gesiebten Puderzucker zusammen mit dem Rum glattrühren.

Mokkaglasur
250 g Puderzucker
1 gehäufter TL Pulverkaffee
2–3 EL heiße Milch
Puderzucker sieben. Pulverkaffee und die heiße Milch verrühren. So lange rühren, bis sich der Pulverkaffee aufgelöst hat; damit den Puderzucker glattrühren.

Zimtglasur
250 g Puderzucker
1 gestrichener TL Zimtpulver
2–3 EL heißes Wasser
Puderzucker in eine Schüssel sieben. Zimt und heißes Wasser gut verrühren, zum Puderzucker geben. Alles noch einmal glattrühren.

Schokoladenglasur
250 g Puderzucker
1 EL Kakao
3 EL heißes Wasser
25 g Kokosfett
Puderzucker in eine Schüssel sieben. Kakao zugeben. Alles mit heißem Wasser glattrühren. Das zerlassene und abgekühlte Fett mit dem Puderzucker glattrühren.

Übung macht den Meister
Auch das Malen mit Glasuren muß geübt sein. Sind Sie unsicher, dann zeichnen Sie sich zuerst mit einer Nadel die Schrift oder das Muster vor. Dann malen Sie diese Spur mit der Glasur nach.

Garnieren mit Teig

Auch mit Teig können Sie Garnierungen herstellen. Besonders eignet sich Hefeteig dazu. Aus ihm können kleine Brezeln und Schnecken gedreht werden. Diese wiederum kleben Sie auf größeren Teigstücken mit Eiweiß fest. Selbstverständlich lassen sich auch aus Blätterteig Verzierungen fertigen. Den Teig dazu dünn ausrollen und mit kleinen Förmchen Figuren ausstechen. Jeder Kuchen gewinnt durch solche Garnituren. Aber auch eine pikante Blätterteigpaste in einer Form gebacken, sieht noch appetitlicher aus, wenn sie mit kleinen Blätterteig-Blättern oder -Ranken beklebt ist. Alles mit verquirltem Eigelb bestreichen, dann bekommt die Oberfläche einen goldbraunen Glanz.

Backzutaten von A-Z

Anis stammt vermutlich aus Ägypten. Angebaut wird Anis überall auf der Welt. Sehr geschätzt sind die großen, hellen Sorten aus Italien.
Als Backgewürz wird Anis für Anisplätzchen, -brezeln oder -brot, für Lebkuchen, Pfeffernüsse und Springerle verwendet. Anis gibt es ganz und pulverisiert.

Apricot-Brandy oder Aprikosen-Likör wird für Cremes, zum Tränken von Biskuitteigen oder für Glasuren verwendet.

Arrak: Branntwein, der wie Rum verwendet werden kann. Wie Rum-Aroma gibt es auch Arrak-Aroma.

Backaromen: Rum-, Arrak-, Zitronen-, Vanille- und Bittermandel-Aromen sind Auszüge aus verschiedenen Grundsubstanzen in Öl zum Aromatisieren von Gebäck. Diese Backaromen werden teilweise aus künstlichen Geschmacksstoffen hergestellt.

Backmischungen: Zu diesen Zusammensetzungen müssen nur noch Fett, Eier, Milch oder Wasser zugefügt werden. Die Packungsaufschriften sollten unbedingt eingehalten werden.

Backoblaten: Dieses dünne weiße Dauergebäck aus Mehl und Wasser ist garantiert geschmacksneutral. Es gibt runde Oblaten mit Durchmesser 40, 44, 50, 60, 70, 80 und 90 mm.
Die eckigen Oblaten sind in den Größen 118 × 193 mm und 122 × 202 mm erhältlich. Die Obstkuchen-Oblaten haben einen Durchmesser von 26 cm. Wenn Sie eine solche Oblate zwischen den Teig und die Früchte legen, wird das Durchfeuchten des Kuchens mit Obstsaft vermieden.

Backpulver: Dieses Triebmittel besteht vorwiegend aus Natriumkarbonat. Ein Päckchen reicht für 500 g Mehl aus. Backpulver immer mit dem Mehl vermischen und dann erst zu den anderen Zutaten zufügen. Die Angaben in den Rezepten immer einhalten; nie zu viel nehmen, da sonst der Geschmack beeinträchtigt wird.

Belegkirschen sind echte, mit Zucker kandierte Kirschen, die sich zur Dekoration von Gebäck und für Torten hervorragend eignen. Fein gehackt verarbeitet man sie in englischen Teekuchen und anderen Gewürzteigen. Außer roten Belegkirschen gibt es auch grün und gelb gefärbte.

Bittere Mandeln: Diese Mandeln mit bitterem Geschmack werden in kleinster Menge den süßen Mandeln beigemischt, so daß sie das Aroma verstärken. Etwa 30 g geriebene bittere Mandeln auf 500 g Mehl sind vertretbar. Bittere Mandeln müssen Kinderhänden unerreichbar sein, denn sie enthalten giftige Blausäure.

Biskuit-apart: Dieses Produkt wird aus Getreidemahlerzeugnissen hergestellt. Biskuitkuchen, die mit diesem Produkt hergestellt sind, werden zarter und lockerer und bleiben länger frisch. Mit Biskuit-apart werden Torten besonders hoch und fallen nicht mehr zusammen.

Bittere Schokolade: Der reine Kakaoanteil dieser Schokolade beträgt mindestens 60%.

Blockschokolade: Diese einfache Schokolade gibt es in dicken Blöcken zu kaufen. Sie enthält unterschiedlich hohe Kakaoanteile. Zum Backen wird sie gerieben oder im Wasserbad geschmolzen und anderen Zutaten zugefügt.

Borkenschokolade: Es handelt sich dabei um Schokolade, die in einem speziellen Verfahren hergestellt wird und für Dekorationen verwendet werden kann. Man kann sie mit einem scharfen Messer in kleinste Teile schaben.

Brauner Zucker (Farinzucker): Er wird aus stark karamelhaltigem Zucker gewonnen, der bei der Karamelisation des braunen Kandis anfällt. Die natürlichen Karamel- und Bräunungsstoffe verstärken das Aroma und erleichtern Bräunung und Porung des Gebäcks. Brauner Zucker ist besonders für dunkle Teige geeignet, wie z.B. Gewürzkuchen und -plätzchen, Printen und Spekulatius.

Citro-back entspricht der abgeriebenen Schale einer ganzen Zitrone.

Eier: In allen Rezepten handelt es sich um Hühnereier der Gewichtsklasse 60 bis 65 g, also um mittelgroße Eier. Werden kleinere oder größere Eier verwendet, müssen die anderen Zutaten dem unterschiedlichen Gewicht angeglichen werden. Am besten wiegen Sie die Eier in der Schale. Die Eier immer einzeln in eine Tasse schlagen, denn es könnte einmal ein schlechtes Ei dabei sein. Für ein optimales Backergebnis bitte nur frische Eier verwenden, die Sie beim Aufschlagen an der Konsistenz des Eiweißes erkennen. Das Eigelb ist von einem festen Eiweißring umgeben, dieser wiederum von flüssigem Eiweiß. Je dünner der feste Eiweißring ist, desto älter ist das Ei. Beim Trennen von Eiweiß und Eigelb muß man äußerst vorsichtig vorgehen, damit kein Eigelb in das Eiweiß fließt. Sonst wird der daraus geschlagene Eischnee nicht steif.

Fett: Butter und Margarine sind die üblichen Fette zum Backen. Butter hat einen feineren Geschmack; alle Teige, die speziell nach Butter schmecken sollen, müssen Sie auch mit Butter zubereiten. Ansonsten kann Butter durch Margarine ersetzt werden. Bei Hefeteigen gibt es Rezepte, bei denen sogar Schmalz verwendet wird. Reines Pflanzenfett wird zum Fritieren verwendet. Öl wird in manchem Gebäck verbacken, wenn das Gebäck nur eine kleine Menge Fett enthält. Auf jeden Fall sollte das Fett, ob fest oder flüssig, immer geschmacksneutral sein.

Feinster Zucker: Diese Raffinade ist so fein gemahlen, daß sie sich spielend leicht verrühren läßt. Feinster Zucker wird überall dort verwendet, wo das Rezept einen gleichmäßig feinen Zucker verlangt. Er eignet sich besonders zum Schlagen von Eiweiß, zum Rühren von Biskuitteigen, für feine Sandkuchen und Teegebäck.

Gelatine ist als rote und weiße Blattgelatine oder auch – in denselben Farben – gemahlen im Handel erhältlich.
Blattgelatine muß immer in kaltem Wasser etwa 10 Minuten eingeweicht werden. Dann gut ausdrücken und in heißer Flüssigkeit auflösen. Wenn keine besondere Flüssigkeit angegeben ist, kann die ausgedrückte Gelatine im Wasserbad aufgelöst werden. Gemahlene Gelatine wird im Einweichwasser bei geringer Hitze unter ständigem Rühren aufgelöst. Aber Vorsicht: Gelatine darf niemals kochen; sie verliert sonst an Gelierfähigkeit.

Grümmel: So bezeichnet man gestoßenen braunen Kandis, der hochkaramelhaltig und deshalb sehr aromatisch ist. Grümmel ist ideal zum Backen von Honigkuchen, Lebkuchen und Printen. Diese Gebäcke werden durch Grümmel besonders knusprig. Auch Kleingebäck und Kekse können damit bestreut werden.

Hagelzucker: Dies ist ein grober Zukker, dessen einzelne Hagelkörner aus einer Vielzahl von zusammengeballten Zuckerkristallen bestehen. Man verwendet ihn zum Bestreuen von Gebäck.

Haselnußkrokant wird aus frischen gehackten Haselnüssen, die mit Zucker geröstet werden, hergestellt. Bestreuen Sie damit Oberseiten und Ränder von Torten.

Haselnüsse: Sie können Haselnüsse gemahlen, gehackt oder gehobelt kaufen. Damit ihre Frische erhalten bleibt, werden sie in Vakuumpackungen versiegelt.

Hefe: Frische Hefe muß hellgrau, trokken und fest sein. Man kann sie in Würfeln von 30–40 g kaufen. Außerdem gibt es auch Trockenhefe. Dabei bitte auf das Haltbarkeitsdatum achten. Ein Päckchen Trockenhefe (7 g) entspricht 25 g frischer Hefe.

Hirschhornsalz: Es wird als Lockerungsmittel von Teigen eingesetzt, die einen besonders hohen Zuckergehalt haben. Hirschhornsalz wird in etwas Wasser aufgelöst. Für 500 g Mehl benötigt man 5 g.

Honig: Bienenhonig kann auch durch Kunsthonig ersetzt werden. Bienenhonig nicht aufkochen, sondern immer nur auflösen.

Ingwer: Die Seitenwurzel der Ingwerpflanze wird im Ganzen oder auch gemahlen verwendet. Die dicken Stücke werden auch kandiert oder in Sirup eingelegt angeboten. Verwenden Sie dieses stark aromatische Gewürz in vorsichtiger Dosierung!

Kakao: Aus der Kakaobohne werden Kakaobutter und Kakaopulver gewonnen. Wenn Kakaopulver zu den Zutaten gesiebt wird, entstehen keine Klümpchen.

Kardamom: Dieses Gewürz stammt aus Indien und wird für Lebkuchen und Gewürzplätzchen verwendet.

Kokosflocken: Das feingeraspelte Kokosfleisch der Kokosnüsse ist nur begrenzt haltbar, da die Kokosnuß einen hohen Fettgehalt besitzt.

Kokoskrokant: Aus feinen Kokosraspeln, die in Zucker geröstet sind, wird Kokoskrokant hergestellt. Man bestreut damit Gebäck und Plätzchen.

Krokantstreusel werden aus Krokantmasse hergestellt.

Kuchenglasur: Sie wird wie Schokolade hergestellt. Die Zutaten sind in erster Linie Kakaopulver, Pflanzenfett und Zukker. Es gibt dunkle Kuchenglasur mit der Geschmacksnote einer Halbbitterschokolade und helle Kuchenglasur (Haselnußglasur).

Kuvertüre: Kuvertüren sind hochwertige Schokoladen. Sie enthalten mehr Kakaobutter, aber weniger Zucker als handelsübliche Schokoladen. Halbbitter- oder Vollmilch-Kuvertüre wird nach dem Auflösen im Wasserbad zum Überziehen von Gebäck und für Garnierungen verwendet.

Lebkuchengewürz: Diese Mischung erleichtert die Herstellung von Weihnachtsgebäck, besonders von Lebkuchen.

Marzipanrohmasse: Sie wird aus feinsten Mandeln und nicht mehr als 35% Zucker hergestellt. Sie hat einen kräftigen Mandelgeschmack.

Mehl: Die Mehltype 405 ist für alle Backrezepte verwendbar. Dunkleres Weizenmehl, Type 812 und 1050, sowie Roggenmehl, Type 997 und 1150, gibt es kaum im Lebensmitteleinzelhandel, sondern nur beim Bäcker oder in Reformhäusern zu kaufen.

Mohn: Der Samen der Mohnpflanze kann nur gemahlen verwendet werden. Gemahlener Mohn wird schnell ranzig und sollte deshalb sofort aufgebraucht werden.

Mohn-back: Diese Instant-Mohnfüllung besteht aus feinstem gequetschten Blaumohn, Zucker, Vanillin und Milchbestandteilen.

Muskatblüte: Das Gewürz ist gemahlen im Handel erhältlich und für Weihnachtsgebäck geeignet.

Natron: Dieses pulverisierte Trieb- oder Lockerungsmittel eignet sich für schwere Teige. 5 g Natron reichen für 500 g Mehl aus. Das Natron in etwas Essig auflösen. Dies unterbindet den etwas seifigen Natrongeschmack.

Nelken: Sie sind ganz und gemahlen erhältlich. Verwenden Sie sie sparsam für Äpfel- und Birnenfüllungen und für Lebkuchen.

Nuß-Nougat: Die schnittfeste Masse wird aus Haselnüssen, Kakao und Zukker hergestellt. Sie eignet sich für Garnierungen und Füllungen.

Orangeat: Dazu werden die Schalen der bitteren Sevilla-Orangen in Zuckerlösung eingelegt und später gewürfelt.

Orange-back: Es enthält die Schale einer abgeriebenen Orange.

Piment: Andere Bezeichnungen: Nelkenpfeffer, Gewürzkörner, Allerleigewürz. Beim Backen verwendet man es gemahlen in Honig- oder Pfefferkuchen.

Pistazien: Zum Backen werden die grünen Kerne immer ohne Schale verarbeitet. Man hackt sie grob oder fein. Zum Garnieren halbiert man den Kern.

Pottasche: Dieses Triebmittel wird wie Hirschhornsalz verarbeitet.

Puderzucker: Hierzu wird feinste Raffinade staubfein gemahlen. Puderzucker ist unentbehrlich für Glasuren und zum Garnieren.

Plätzchenschmuck: Sie finden darin sechs Sorten von bunten Zuckerdragees zum Dekorieren und Verzieren von Plätzchen, Torten und Kuchen.

Raspelschokolade: Sie ist aus feiner Halbbitter-Schokolade geraspelt und eignet sich zum Einbacken in feine Rührteige oder zum Bestreuen von Torten oder Kuchen.

Rum-back: Diese Mischung vereint besonders hocharomatische Jamaika-Rum-Sorten. 1 Beutel entspricht einem Eßlöffel Rum.

Rum-Rosinen: Feine Rosinen werden dafür in hochwertigen Jamaika-Rum eingelegt.

Rübenkraut wird aus dem Saft der frischen Zuckerrübe gekocht und enthält alle Wertstoffe der Zuckerrübe. Rübenkraut ist besonders für dunkle Teige geeignet, so z. B. für Lebkuchen.

Safran: Dieses Gewürz färbt gelblich; es ist in Fäden und pulverisiert im Handel. Die Fäden müssen vor dem Verarbeiten in ein wenig Wasser aufgelöst werden.

San-apart: Dies ist ein natürliches Stabilisationsmittel für Schlagsahne, Tortenfüllungen, Cremes und Rührteige.

Süße Mandeln: Man kann sie gehackt, gehobelt, gemahlen oder in Splittern kaufen. Vakuumverpackung garantiert Frische und Aroma.

Speisestärke wird aus Mais oder Reis gewonnen. Speisestärke macht die Krume des Gebäcks besonders fein. Sie wird selten allein, sondern meistens mit Mehl zusammen verarbeitet.

Tortenguß: Verwenden Sie je nach Früchten roten oder weißen Guß zum Überziehen von Torten oder Törtchen mit Obstbelägen.

Vanillezucker: Das Gemisch enthält Zucker und fein zerriebene Naturvanille, d. h. mindestens 5% zerkleinerte Vanilleschote.

Vanillinzucker: Dieses Zuckergemisch enthält mindestens 0,1% Naturvanille und kommt meist in Kleinpackungen in den Handel. Muß gut verschlossen aufbewahrt werden.

Zimt: Die getrocknete Rinde des ceylonesischen Zimtbaumes kommt als Pulver und in Stangen auf den Markt. Gut verschlossen aufbewahren.

Zitronat/Sukkade: Es handelt sich hier um Schalen der Zedernfrucht, die in Zuckerlösung eingelegt und später gewürfelt werden.

Zitrone: Achten Sie darauf, daß Sie nur die Schalen unbehandelter Zitronen zum Backen verwenden.

Zitronenglasur besteht aus Trockenfondant, das mit Eiweiß und Zitronensaft vermischt ist. Der Packung liegen zwei Farbbriefchen bei, so daß auch eine rote und gelbe Glasur hergestellt werden kann.

Zuckerstreusel: Sie werden aus Zucker, Fondant und Farbstoff zubereitet.

Zuckerschrift: Dabei handelt es sich um eine Zuckercreme, mit der man direkt aus der Tube Schriften und Verzierungen auf Torten und Kleingebäck anbringen kann. Sie ist in vier Farben erhältlich.

Welcher Teig wofür?

Die Rezepte von A-Z

Bildnachweis:
Braun AG: S. 125. Essen & Trinken: S. 19, 24, 40. Jahreszeiten-Verlag: S. 45, 90, 93, 107, 118, 119, 121, 123, 135. Peter Kölln, Köllnflockenwerke: S. 17, 36, 47, 53, 99, 116. Kraft GmbH: S. 10, 18, 23, 26, 32, 35, 39, 85. Küchle GmbH & Co.: S. 94, 115. Langnese-Iglo GmbH: S. 61, 63, 65, 67, 68, 73, 127, 129, 130, 131, 133. Maizena Markenartikel GmbH: S. 49, 54, 71, 79, 136 (2). Meine Familie + Ich: S. 27, 33, 55, 57, 81, 83, 91, 103. Pfälzische Mühlenwerke GmbH: S. 30. Schwartauer Werke GmbH & Co.: S. 111, 137. Segmenta-Beratungsgesellschaft für Public Relations mbH: S. 20, 25, 37, 41, 89. Supress: S. 84, 97, 101, 117. Union Deutsche Lebensmittelwerke GmbH: S. 28, 29, 43, 51, 58, 74, 75, 76, 78, 87, 88, 95, 105, 109, 113.

Weitere durchgehend farbige Kochbücher unseres Verlages

TOMUS

Tomus Verlag GmbH, Prinzenstraße 7, 8000 München 19